A NOVA PESTE
e outros ensaios

LUIZ ROBERTO
NASCIMENTO SILVA

A NOVA PESTE
e outros ensaios

1ª edição

JOSÉ OLYMPIO
E D I T O R A
Rio de Janeiro, 2013

© *Luiz Roberto Nascimento Silva, 2013*

Reservam-se os direitos desta edição à
EDITORA JOSÉ OLYMPIO LTDA.
Rua Argentina, 171 – 3º andar – São Cristóvão
20921-380 – Rio de Janeiro, RJ – República Federativa do Brasil
Tel.: (21) 2585-2060
Printed in Brazil / Impresso no Brasil

Atendimento direto ao leitor:
mdireto@record.com.br
Tel.: (21) 2585-2002

ISBN 978-85-03-01225-6

Capa: DIANA CORDEIRO

Livro revisado segundo o novo Acordo Ortográfico da Língua
Portuguesa.

CIP-Brasil. Catalogação na fonte
Sindicato Nacional dos Editores de Livros, RJ

Silva, Luiz Roberto Nascimento

S581n   A nova peste / Luiz Roberto Nascimento Silva. – 1ª ed. –
Rio de Janeiro: José Olympio, 2013.
    21 cm.

    ISBN 978-85-03-01225-6

    1. Literatura brasileira – História e crítica. 2. Ensaio
brasileiro. I. Título.

	CDD: 869.94
13-04382	CDU: 821.134.3(81)-4

À memória de meus pais, Wilma e Gonzaga.

Para Eleonora e Isabel.

Ao menos uma vez, tenham coragem de se abandonar às suas próprias impressões... e não pensem sempre que tudo está perdido quando não se pode descobrir no fundo de uma obra alguma ideia ou pensamento abstrato. Perguntam-me que ideia eu procurei encarnar no meu Fausto! Como se eu soubesse, como se eu mesmo o pudesse dizer!

Goethe em depoimento a Eckermann

Será que eles sabem que nós estamos trazendo a peste?

Freud para Jung na chegada a Nova York em 1909

A função do artista é propor. Viemos trazer perguntas. Não queremos as respostas, pois as que nos deram não serviram. Queremos perguntas. Perguntas. Perguntas.

Trecho do "Manifesto artístico"

Sumário

Prefácio   13

Primeira parte
Fausto e o homem contemporâneo   15

Prólogo   17
O idioma   23
A idade   33
O envelhecimento na arte   43
O pacto   51
Werther   63
O amor titânico   69
Epílogo   77

Segunda parte
A nova peste   81

Arte contemporânea   83
Religação   95
A nova peste   105
A Igreja de Nossa Senhora da Saúde   117
Cisne negro   125

Terceira parte
Manifesto artístico   133

Bibliografia   141

Prefácio

Este livro é dividido em três partes. Na primeira, um estudo sobre a importância do Fausto para a formação do homem contemporâneo e uma reflexão sobre o envelhecimento e a morte. Tinha desejo de escrever sobre o tema há muito tempo, desde a adolescência, quando meus pais me presentearam com o trabalho de San Tiago Dantas sobre a obra de Cervantes, *D. Quixote — Um apólogo da alma ocidental*. Apaixonei-me pelo texto, sentimento que me acompanha até hoje.

Na ocasião, em tom de brincadeira, prometi a meus pais que escreveria sobre o outro apólogo, *Fausto*, a obra de Goethe. Dizia que o faria por julgar que minha personalidade era mais fáustica do que quixotesca. Assim, a primeira motivação certamente é essa da minha adolescência e também uma homenagem à memória de meus pais.

É evidente que há uma motivação mais profunda: uma reação ao meu próprio envelhecimento. Através dela, uma tentativa de compreensão desse processo humano, universal e atemporal.

A segunda parte reúne ensaios sobre diversos temas e questões que me interessam de forma particular, como arte contemporânea, religião, o impacto da informática, a economia mundial e a ciência e seus paradigmas. São assuntos de interesse geral para os quais trago minha modesta, mas pessoal contribuição. Escolhi como título para essa parte um desses textos — "A nova peste" —, que acabou por se tornar também título do livro.

A terceira e última parte, "Manifesto artístico", foi escrita no agora remoto ano de 1980. Com seu coirmão, "Manifesto xenófobo", de 1977, ele circulara apenas privadamente. Acredito que esse texto, de clara influência oswaldiana, possui conceitos e posições totalmente atuais. Parte das minhas preocupações com o futuro das artes plásticas, com a questão dos direitos autorais e sua importância na vida quotidiana dos artistas está formulada nesse trabalho escrito há mais de 33 anos.

T.S. Eliot, num verso inesquecível, diz que *only through time time is conquered*", que traduzo livremente para "apenas através do tempo é o tempo conquistado". Acho que essa verdade permanece e se aplica a este livro de maneira particular e de forma geral ao que pretendo dizer com estes ensaios.

Rio de Janeiro, junho de 2013

PRIMEIRA PARTE

———

FAUSTO E O HOMEM CONTEMPORÂNEO

Prólogo

Atualmente, a única questão filosófica séria e urgente no mundo contemporâneo é o envelhecimento; antes era a morte. Toda construção da trajetória da filosofia ocidental se deu em torno da morte. Sêneca dizia que o objetivo da filosofia era fazer o homem aprender a morrer. A imensa maioria das religiões também se ocupou, de uma forma ou de outra, da questão da morte e sua transcendência.

No momento atual, a morte está implícita. Conscientemente, todo homem contemporâneo tem certeza de que vai morrer, ainda que no nível inconsciente, como Freud nos ensinou, recuse e rejeite essa verdade/veredicto. O que mais apavora o homem atual é o envelhecimento, a entropia, a perda da elasticidade da pele, a redução da visão e da audição, a conjugação inexorável entre longevidade e degenerescência. O temor do mal de Alzheimer, do mal de Parkinson e de outras doenças da mente. Se, de um lado, o homem contemporâneo ampliou enormemente a expectativa de vida — para que se tenha uma ideia precisa, entre 1960 e 2010 a expectativa de vida do brasileiro aumentou 25,4 anos, e a expectativa coletiva de outros países aumentou 20 anos —, de outro lado teme o abandono lastimável que essas mazelas podem trazer para ele, para os familiares e afins.

Parece irônico, se não fosse trágico, que o ser humano, que tanto lutou para conseguir a imortalidade, ou ao menos o elixir para a longa vida, esteja agora debruçado sobre problemas decorrentes dessa longevidade que tanto almejou. Pior que morrer é envelhecer, lenta e irreversivelmente, sem controle sobre o processo de alheamento para o qual a ciência ainda não encontrou antídotos: a loucura anônima dos grandes centros urbanos neste século XXI.

Assim, todo o esforço hercúleo do homem contemporâneo no sentido de tentar frear o ritmo cada vez mais acelerado do tempo é uma tarefa impossível e por isso mesmo sempre frustrada e frustrante. Acrescentemos ainda que até algumas décadas atrás essa busca da eterna juventude concentrava-se na mulher; o homem passava ao largo dessa tentação cosmética e mefistotélica. Hoje, porém, vemos que ele foi sugado para o centro do mesmo redemoinho: consome avidamente produtos de beleza, tenta igualmente imobilizar — sem êxito, é claro — a voragem dos dias, a alternância das estações, investindo no culto narcísico do corpo, às vezes sem nenhuma conexão com o espírito.

O tempo sempre foi matéria-prima da literatura e da criação. Esse eterno devir, que Heráclito definiu e sintetizou, no qual tudo está em permanente mutação, como também o ponto de vista contrário e simétrico de outro filósofo, seu oposto contraposto, Parmênides, para quem, em cada momento, o tempo é, por assim dizer, estático. Desse modo, a batalha só pode ser travada no presente — único tempo possível para tudo, até para este texto —, e nele o homem moderno enfrenta seus demônios e se delicia com seus anjos. Entretanto, o tempo contemporâneo é diverso, ainda que contínuo com a formação do cosmos, distinto da época recente de nossos antepassados. Não podemos ignorar que somos e não somos os mesmos no decorrer desse longo *big bang* chamado civilização. Não podemos ignorar que as mudanças tecnológicas, algumas essenciais para o avanço da ciência, para a descoberta e cura de diversas doenças, para a aceleração do conhecimento e para a velocidade da comunicação entre os homens, tenham também modificado nesse processo esse mesmo ser humano.

O homem passou a maior parte de sua existência sem luz elétrica. Pintores como Vermeer, Da Vinci e Rembrandt observavam a vida de forma diversa e viviam num ritmo diferente do homem contemporâneo. Até a virada do século XIX para o século XX, a correspondência epistolar foi fundamental. As pessoas escreviam-se mutuamente com intensidade. Homens e mulheres esperavam ansiosos a resposta de suas cartas. Livros como *Ligações perigosas*, de Laclos, e mesmo diários como o de Goethe em *O sofrimento do jovem Werther* só podem ser entendidos nessa perspectiva. É quase impossível crer que a publicação de *Werther* tenha alçado à fama o seu autor, de apenas 25 anos na ocasião, influenciando outros autores a imitar seu estilo epistolar e, paradoxalmente, aumentado o número de suicídios em decorrência do livro no longínquo ano de 1774.

Hoje, com a comunicação instantânea propiciada pela web — a difusão dos e-mails, a multiplicação das redes sociais, dos twitter e dos texts —, tudo isso parece sem sentido. Se, como nos filmes de ficção científica, pudéssemos recuar no tempo, no sempre elástico espaço da literatura e da memória, verificaríamos que a realidade atual pareceria igualmente ilógica para o europeu do final do século XVIII.

Visando encontrar som e sentido para esse fluxo de pensamentos, decidi eleger *Fausto*, de Goethe, como um símbolo do homem que designo como contemporâneo, esse nosso cidadão do início do século XXI. Não gosto da expressão pós-moderno, prefiro contemporâneo. Aquela, com seu prefixo, indica o que vem depois a algo que já existe, sugere sucessão de uma mesma coisa com novas nuances, transmite a ideia de *continuum*. Não há continuidade nesse processo, há ruptura. Não há amálgama, há atrito.

Esse homem contemporâneo foi antecipado em todo o seu desenho essencial no *Fausto*, de Goethe. É evidente que vários outros autores viriam, depois, realizar novas visões e rupturas fundamentais na literatura e na maneira de como o homem passou a perceber o mundo. O século XIX forja e finaliza os grandes romances do tempo ainda lógico. Romances como *O vermelho e o negro*, de Sthendal, *Madame Bovary*, de Flaubert, *Crime e castigo*, de Dostoiévski, *Os Maias*, de Eça de Queiroz, e *Dom Casmurro*, de Machado de Assis, são cânones eternos. Todos tinham começo, meio e fim.

Para ser feita, a grande revolução na linguagem precisaria despedaçar o tempo lógico. Foi o que foi feito por Proust em *Em busca do tempo perdido*, e por Joyce, com *Ulysses* — cada um utilizando meios e métodos distintos. O que depois se convencionou chamar, enquanto movimento literário, de *stream of consciousness* inclui também escritores como Virginia Woolf e William Faulkner. Esse grupo de autores alterou a prosa de ficção em uma direção e radicalidade que perduram até os dias de hoje.

Escolho Fausto como símbolo do homem contemporâneo, desse ser desejoso a qualquer preço de conseguir a eterna juventude e assim vencer a morte adiando o envelhecimento. Não tenho pretensão alguma em abordar o livro em sua dimensão literária. Repito que o que desejo é examinar Fausto como símbolo da alma ocidental, tendo-o como fio condutor, um rio fundamental que atravessará o continente que quero explorar, permitindo que afluentes de ideias e correntes auxiliares integrem essa navegação.

O idioma

Concordo com San Tiago Dantas quando ele afirma que os autores fundamentais para a formação do homem moderno (do qual surgirá o nosso contemporâneo) foram Cervantes, Shakespeare e Goethe. Tampouco hesito em afirmar que entre esses certamente é Shakespeare o que permanece mais atual para os leitores de hoje, seja pelo fato de ter escrito em inglês, seja pela beleza, sonoridade e surpresa insuperáveis de seus versos, seja pela atualidade permanente de suas interpretações da alma humana no que ela tem de mais insondável e atemporal.

Entretanto, escolho *Fausto* neste estudo porque vislumbro nessa obra a antecipação de determinadas questões cruciais do homem moderno que continuam presentes nesse tempo contemporâneo. A força do mágico sobre o lógico. O debate entre o bem e o mal com desprezo pela regra social ou moral. O distanciamento do olhar religioso sobre a existência humana. A ânsia do homem em descobrir a fonte da eterna juventude e o anseio insano da imortalidade. Uma forma de amar mais voraz, mais titânica, mas nem por isso menos amorosa. Moderna. Contemporânea.

O próprio San Tiago Dantas, autor do prodigioso *D. Quixote — Um apólogo da alma ocidental*, é claro ao afirmar: "Não foi *D. Quixote*, certamente, o livro revelador do homem moderno." E depois complementa: "A alma moderna, porém, tem formas e procedências múltiplas; se fosse necessário escolher, apesar disso, a sua legenda primordial, eu por mim elegeria *Fausto*, de preferência a qualquer outra."

Parece-me também evidente que a maior dificuldade para uma divulgação mais ampla de *Fausto* nos dias de hoje deriva não apenas da complexidade do longo poema, dividido em duas partes, que pretendem formar um todo, mas que são bem diversas, pois foram escritas em períodos distintos da vida de Goethe, mas antes e sobretudo pelo fato de ter sido escrito em alemão. Caetano Veloso, em sua linda composição "Língua", satiriza a afirmação totalitária de Heidegger dizendo que: "Se você não tem uma ideia incrível/ É melhor fazer uma canção/ Está provado que só é possível/ Filosofar em alemão." Esses versos são perfeitos para *Fausto,* no qual a porção filosófica em alguns momentos suplanta a dimensão literária, o que explica, em parte para mim, por que o poema não é hoje tão lido como o foi nos séculos XIX e XX.

Além disso, o inglês se transformou a partir do final do século XIX na língua universal, tanto para a vida empresarial como para a literária. O francês ainda resistiu no começo do século XX. O espanhol tem hoje uma área de alcance bastante expressiva, mas nada que se compare ao inglês.

Borges, profundo conhecedor de vários idiomas, nos ensina melhor do que ninguém que

> uma nação desenvolve as palavras de que necessita. [...] equivale a dizer que uma língua não é, como somos levados a supor pelo dicionário, a invenção de acadêmicos e filólogos. Ao contrário, ela foi desenvolvida no tempo, através de um longo tempo, por camponeses, por pescadores, por caçadores, por cavalheiros. Não veio das bibliotecas; veio dos campos, do mar, dos rios, da noite, da aurora.

De qualquer forma, não há como desconhecer a clara conexão entre a potência de um idioma e sua capacidade maior ou menor de comunicação para uma obra em seu sentido mais amplo. O compositor Tom Jobim percebeu isso quando começou a traduzir para o inglês letras de suas canções, iniciativa que permitiu maior divulgação de sua obra em outros países, e de imediato nos Estados Unidos, o que acabou sendo estratégico para a consolidação da Bossa Nova.

Caetano Veloso, a partir de seu exílio em Londres, passou a compor e a cantar em inglês, ainda que para ressaltar a nossa cultura, intercalando idiomas, como em seu disco "Transa".

Guimarães Rosa participou ativamente da tradução do seu *Grande sertão: veredas*, publicado em alemão em 1964, após uma intensa correspondência e convivência com Curt Meyer-Clason. Guimarães Rosa, além da ligação pessoal, por ter residido na Alemanha, tinha plena consciência da importância que a versão para essa língua teria para sua obra.

O inglês se firmou como idioma universal — novo esperanto — pela força da hegemonia econômica inglesa no século XIX, seguida da norte-americana, no século XX. Além disso, por um lado, é uma língua extremamente funcional e, por outro, extremamente plástica; são virtudes linguísticas normalmente antagônicas e inconciliáveis. Borges nos mostra que no inglês existem sempre duas palavras para cada noção, cada conceito. Uma de origem saxã, que costuma ser breve, e outra de origem latina, comumente mais longa e abstrata. Isso explicaria a característica física do inglês, a sua visualidade, digamos assim, que o transforma em um idioma plástico, fundamental para a poesia e a literatura. Outra característica da língua é o fato de que uma palavra em inglês, sem mudar a forma e a grafia, pode ser substantivo ou verbo; e ser usada dessa forma empresta uma enorme funcionalidade, o que assegurou a sua predominância no mundo dos negócios e das finanças.

Harold Bloom, em seu *O cânone ocidental*, indica que *Fausto*, apesar de suas qualidades insuperáveis, é pouco lido hoje. Diz Bloom: "De todos os mais fortes poetas ocidentais, Goethe parece ser hoje o que está menos ao alcance de nossa sensibilidade." Ele não acredita que isso se deva ao fato de ter sido escrito em alemão. Bloom subestima esse aspecto. Crê que Goethe foi esquecido no século XXI por representar o fim de uma era e por não ter tido sucessores na sua dimensão. Pessoalmente, acredito que a questão do idioma tenha sido decisiva para esse esquecimento.

As traduções para a língua portuguesa não são boas, na maior parte das vezes retiram do longo poema sua musicalidade e apresentam entre si tantas mudanças e diferenças que tornam evidente que navegam em território inóspito. Neste trabalho, adotei diversas traduções, principalmente a de Jenny Klabin Segall, que me parece a melhor. Em alguns momentos, optei pela versão do professor Silvio Meira, que curiosamente me deu pessoalmente seu trabalho na Feira do Livro em Frankfurt, em 1994, quando não imaginava que escreveria sobre *Fausto*. Em outros momentos, servi-me da versão francesa de Gerard Nerval, traduzindo os versos livremente.

A respeito das traduções, é conhecido o aforismo "tradutore/traidore". Penso, entretanto, nas observações de Elsa Triolet no prefácio de sua tradução para o francês da obra de Maiakóvski. Ela sublinha que, apesar de todo o esforço e trabalho pessoais, algumas rimas em russo, certas expressões populares e de gíria se perderam quando vertidas para o francês, sendo por isso mesmo intraduzíveis. Em alguns casos, ela traduziu os poemas em prosa, ressaltando que os originais eram versificados.

Todavia, Elsa Triolet destaca que se o leitor não gostasse da tradução, também não gostaria do texto no original. Na maior parte das situações essa reflexão é verdadeira e totalmente aplicável à obra de Goethe. Quem não gosta de ler, não gosta da tradução e tampouco do original.

Fausto é a obra de toda uma vida. Goethe a inicia em 1772, com a versão que veio a ser conhecida posteriormente como *Urfaust*; numa tradução livre, "Fausto zero". Apenas em abril de 1808 irá publicar a primeira parte de *Fausto*. Continuou a trabalhar na segunda parte até 1831, vindo a falecer pouco tempo depois, em 22 de março de 1832. Assim, por mais de seis décadas Goethe conviveu com esse projeto e desafio de sua infância. É como se tivesse conseguido realizar uma de suas próprias profecias sobre o sentido maior da existência, quando afirmou: "O mais feliz dos homens é aquele que consegue ligar o fim de sua vida ao início." Fez isso com *Fausto*.

O motivo central do pacto demoníaco desenvolve-se na Alemanha de Lutero e Paraceloso, sendo objeto de uma obra anônima apresentada na Feira do Livro de Frankfurt em 1587. A figura do diabo surge com o nome de "Mephostophiles", que de acordo com estudiosos viria do grego ou do hebraico e significava "aquele que não ama a luz" ou "o destruidor do bem". O livro conquista o público com 17 edições, e são feitas inúmeras traduções para outras línguas europeias.

Entretanto, sua primeira grande tematização literária surgirá em 1592, com Christopher Marlowe, famoso dramaturgo elisabetano contemporâneo de Shakespeare, com seu drama *The Tragical History of the Life and Death of Doctor Faustus*.

O certo é que o enredo desse personagem mágico fez parte da vida de Goethe da juventude até o fim de sua vida. Seja através do teatro de marionetes em Frankfurt, seja por uma montagem teatral em 1770, em Estrasburgo, onde ele estudava direito, seja pela obra de Marlowe, o tema o impressionou de forma definitiva. Irá acompanhá-lo pela vida toda "como um íntimo conto de fadas", como ele mesmo definiu. Faz o primeiro esboço, *Urfaust*, de 1772 a 1775, e o abandona pelos 11 anos subsequentes. Depois, retoma e torna a abandoná-lo numa verdadeira epopeia consigo mesmo, na qual o poeta Schiller terá participação decisiva, mas cujo detalhamento foge do objeto do nosso trabalho.

Se de um lado reconstitui a realidade histórica e a atmosfera espiritual do século XVI, de outro, Goethe trabalha esse material com a perspectiva moderna de um homem do final do século XVIII e do início do XIX ao menos em relação ao Fausto II.

Esse enredo é imortalizado e universalizado pela obra de Goethe. Há consenso de que ele é o maior escritor de língua alemã, sendo sua obra de "uma perspectiva ocidental, mais um fim que um princípio", como assinalou argutamente Harold Bloom. O livro representa para a modernidade o que *A divina comédia* representaria para a Idade Média. "O último grande poema nos tempos modernos", na opinião de Otto Maria Carpeaux.

Como o mesmo Harold Bloom sustenta, Goethe não teve precursores nem sucessores de igual estatura ou dimensão. Seu principal herdeiro no século XX será Thomas Mann, que não sem razão irá escrever também o seu *Dr. Fausto*, além de uma série notável de estudos sobre o próprio Goethe, seu ídolo e *alter ego* literário.

À semelhança de Dante e Shakespeare, Goethe irá moldar o idioma alemão. Talvez esta seja uma das características dos grandes gênios literários: além da grandeza de suas obras, eles ajudam a criar o próprio idioma. Isso é inquestionável em relação a Dante, que, com *A divina comédia*, ajudou a construir e a consolidar o italiano até então difuso entre as várias províncias independentes e com dicções distintas. *A divina comédia* foi composta em língua toscana, que até aquela data era considerada vulgar, sendo o latim o idioma apropriado para obras importantes. Dante irá modificar esse estado de coisas criando e consolidando o italiano.

Quanto a Shakespeare, não há qualquer dúvida, pois ele exerceu essa mesma relação na criação do inglês, como diversos estudiosos o demonstraram, indicando, inclusive, o número inacreditável de palavras e expressões por ele introduzidas na língua inglesa. No caso do alemão, Goethe irá, mais tarde e mais propriamente, regenerá-lo, o que não deixa de ser igualmente importante.

No final da vida, em suas famosas conversações com Eckermann, no dia 31 de janeiro de 1827, Goethe sinalizava: "Literatura nacional não quer dizer muita coisa agora; chegou à época da literatura universal (*Weltliteratur*), e cada um deve atuar no sentido dessa época." Não há dúvida de que com seu *Fausto* ele atinge esse objetivo de forma insuperável e sempre atual.

A idade

Benjamin Franklin ensinou que *"nothing in the world is certain but death and taxes"*, que traduzo livremente para "nada neste mundo é certo, apenas a morte e os impostos".

Luis Fernando Verissimo abordará o tema nos seguintes termos:

> Envelhecer é chato, mas consolemo-nos: a alternativa é pior. Ninguém que eu conheça morreu e voltou para contar como é estar morto, mas o consenso é que existir é muito melhor do que não existir.

Isso foi dito de forma elegante pela grande atriz Fernanda Montenegro, que por ocasião dos seus 80 anos, ao ser perguntada como era envelhecer, respondeu sutilmente: "É melhor do que não envelhecer."

Como já frisamos, a expectativa de vida média mundial aumentou cerca de vinte anos entre 1960 e 2010. A expectativa de vida, também chamada de esperança de vida ao nascer — acho poético esse conceito —, consiste na estimativa do número de anos que se espera que um indivíduo possa viver. Esse é um dado extremamente importante, pois é um dos critérios utilizados pelo Programa das Nações Unidas para o Desenvolvimento (PNUD) para calcular o Índice de Desenvolvimento Humano (IDH) de um determinado lugar.

Vários fatores exercem influência direta na expectativa de vida da população de um país: serviços de saneamento ambiental, alimentação, índice de violência, poluição, serviços de saúde, educação, entre outros. Portanto, o aumento da expectativa de vida está diretamente associado à melhora das condições de vida da população.

Para envelhecer é preciso viver, é preciso não morrer cedo. Até algumas décadas atrás, no Brasil, e em grande parte do planeta, sustentar que um dos problemas centrais do mundo era o envelhecimento soaria ridículo. Morria-se de forma tão prematura que abordar esse assunto seria um *nonsense*.

No Brasil dos anos 1950, um homem do Nordeste tinha como expectativa de vida, no máximo, 44 anos. Dentro desse horizonte temporal, a questão do envelhecimento não se colocava, pois a realidade crua e dura da morte a suplantava e se impunha.

Esse tema, a morte — não a metafísica ou a filosófica, mas, antes, a de toda uma região e de uma determinada classe social —, foi desenvolvido por João Cabral em seu "Congresso no Polígono das Secas", do livro *Dois parlamentos*, quando nos diz e adverte:

Cemitérios gerais
não há morte isolada
mas a morte por ondas
para certas classes convocadas.

Cabral indicava nesse verso uma das suas preocupações — a alta taxa de mortalidade do Nordeste —, fato que veio a nortear parte de sua produção literária tão original. Em um depoimento de posterior, o poeta disse que ao ter conhecimento que os dados da mortalidade nordestina nos anos 1950 eram superiores aos da indiana, teve um sentimento de revolta que modificou profundamente seu trabalho. Cabral abandona a opção inicial de poeta quase simbolista para se dedicar à construção de uma obra socialmente engajada, ou seja, a vitória do "engenheiro" da geração de 1945 sobre o poeta onírico e ainda surrealista de 1941. Os dados que o chocaram indicavam que no final dos anos 1940 a média de vida na Índia era superior a do Recife. Em 1950, Cabral publica *O cão sem plumas*, marco desse engajamento que perduraria por toda a sua vida e modificaria sua obra, alterando por completo também a poesia brasileira.

Nestes cemitérios gerais
não há morte pessoal.
Nenhum morto se viu
com modelo seu, especial.
Vão todos com a morte padrão,
em série fabricada.
Morte aqui não se escolhe
e aqui é fornecida de graça.

Nesse contexto de morte socializada, em série, estatística, não havia espaço (como ainda não há para as regiões e as classes sociais nas quais essa realidade continua existindo) para se falar de envelhecimento como questão filosófica. O enfrentamento da vida em sua singeleza e brutalidade, a necessidade imperiosa da sobrevivência torna esse debate sem sentido. Por exemplo, nos dias atuais na Zâmbia e no Afeganistão, cuja população tem uma expectativa de vida inferior a 45 anos, esse debate é supérfluo.

É importante que se frise esse ponto. Esse tema só se torna relevante para as sociedades e as classes sociais nas quais a longevidade passou a ser regra, e não mais exceção. Fora delas, em face das questões imperiosas de manutenção da vida, qualquer reflexão sobre o envelhecimento é dispensável. Prevalece a questão da morte. Assim é que esse texto deve ser sempre entendido nesse sentido estrito, nunca amplificado.

A esperança de vida do brasileiro ao nascer aumentou 25,4 anos de 1960 a 2010, passando de 48 anos para os atuais 73,4 anos. A expectativa de vida das mulheres é maior em todos aos países, incluindo o Brasil. Apesar de não termos um sistema de saúde digno, nem um sistema previdenciário que também mereça esse nome, o certo é que diversos indicadores econômicos evoluíram muito nos últimos anos, ampliando a longevidade.

O Brasil detém hoje o 6º PIB mundial, o que nos coloca numa posição de destaque no panorama econômico. Os idiotas da objetividade poderão arguir que isso não expressa a nossa real situação e que deveríamos utilizar outros indicativos, como o IDH — Índice de Desenvolvimento Humano —, no qual o país recua bastante. O fato é que o conjunto de todos os bens e serviços que o PIB mensura é uma medida importante de avaliação objetiva do nosso crescimento. Pouco tempo atrás, o Brasil era conhecido no exterior por sua beleza natural e humana, expressa especialmente na beleza da mulher brasileira, na qualidade de sua música, arquitetura e cinema, e por um conjunto de atributos exóticos que cada estrangeiro elegia a partir de suas visões particulares de nosso planeta. Atualmente, não; o Brasil é respeitado por todos esses atributos descritos, mas também por seu desenvolvimento econômico, pelo dinamismo de sua economia e pelo potencial de seu mercado interno de uma nação de 192 milhões de brasileiros.

Voltando à morte e ao envelhecimento. Todos nós sabemos que iremos morrer um dia, de alguma causa, só não sabemos de que forma e quando. Assim, a convicção a respeito da morte racionalmente envolve um consenso desagradável, mas inevitável para o homem contemporâneo. Entretanto, do ponto de vista emocional, o envelhecimento, o convívio com a entropia, a redução da visão e da audição, a profusão incessante dos cabelos brancos e a queda acelerada deles, tudo isso cria um ambiente novo, aterrador para o homem atual.

Não abordaremos aqui os aspectos econômicos dessa nova realidade mundial. Todo o regime de previdência social terá que ser revisto para suportar essa nova realidade de uma sociedade na qual um número crescente de pessoas são idosas e dependentes do Estado. O regime atual das contribuições foi projetado para outra realidade, na qual as pessoas morriam mais cedo. A população economicamente ativa terá que trabalhar ainda mais para sustentar essa população que, em termos econômicos, está aposentada, mas que em termos físicos continua muito bem, obrigado, e continuará a ter uma existência longeva. Esse crescimento quantitativo da esperança de vida traz também outras consequências, como o aumento do número de casos de doenças que atingem principalmente os idosos, como o mal de Parkinson e o mal de Alzheimer, por exemplo. E diante desse quadro, pessoas que atuam como auxiliares, acompanhantes, são cada vez mais requisitadas para atender esse contingente. São poucos os estabelecimentos e instituições modernos aptos a assistir a essa enorme população, a ajudar determinadas famílias que não conseguem trabalhar no ritmo que necessitam, mas que precisam manter seus familiares com dignidade e carinho. Tudo isso, entretanto, escapa, foge, extrapola os objetivos deste livro. Estamos e estaremos abordando os aspectos do envelhecimento no seu sentido humano, tal como vem sendo entendido pelos artistas, tendo como um dos parâmetros a obra de Goethe.

É evidente que nem tudo é perda nesse processo. Há um ganho efetivo de sabedoria e maior amplitude de compreensão da vida e da natureza humana. Quando o homem e a mulher têm a sorte e o privilégio de chegar à idade madura com algum grau de realização profissional e afetiva, essas perdas são diminuídas, mitigadas.

Relembro uma série de entrevistas sobre o envelhecimento realizadas pelo médico Dráuzio Varella, em 2006, para um programa da TV Globo intitulado *Tempo, dono da vida*. Ele se interessou sobre o assunto quando constatou, pelos dados do IBGE, que no Brasil a população que mais cresce é a que está acima dos 60 anos. As entrevistas foram feitas com brasileiros famosos e importantes, com mais de 60 anos na ocasião em que se dispuseram a debater o assunto.

Transcrevo, adiante, alguns desses depoimentos que a imprensa escrita consolidou. O primeiro, do Dr. Ivo Pitanguy, ele próprio um especialista no assunto e um dos maiores cirurgiões plásticos em atividade, responsável pelo rejuvenescimento de homens e mulheres em todo o planeta, e também por cirurgias reparadoras fundamentais para a recomposição do equilíbrio da vida para aqueles lesionados. Falando sobre si mesmo, ele disse:

Acho que ganhei com o passar do tempo a lembrança do que a juventude me deu. Muita alegria, muita vontade de viver e essa constante impressão de que o tempo não termina. Eu não perdi nada; acho que, quando vivemos a satisfação de não reclamarmos da vida, ela nos dá muito. A juventude é que perde, porque não sabe o quanto é bom ser jovem. Ganhei muito, nós todos ganhamos, mas essa experiência todos nós sabemos que vem com o tempo.

Caetano Veloso deu um depoimento instigante:

Com o passar do tempo, a gente vai ganhando e perdendo sem parar. Com a aproximação da velhice ou da chegada da velhice, posso dizer que a gente tem mais perdas do que ganhos, mas talvez alguns ganhos sejam mais importantes do que quaisquer perdas. Talvez. Estou vendo ainda, começando. O que eu posso dizer que é horrível, por exemplo, é ter que usar óculos quando eu nunca tinha usado na vida. Quando comecei a ter que usá-los para ler, fiquei amargurado. Depois me habituei, e já acho gostoso pegar os óculos. Isso é um ganho.

Gosto muito dessa colocação na condicional de que talvez alguns ganhos sejam maiores que as perdas, apesar de elas serem quantitativamente maiores. É assim que eu percebo esse processo. Ainda que as perdas quantitativamente sejam maiores, os ganhos, talvez, sejam qualitativamente mais importantes.

Por último, transcrevo parte do depoimento do autor e dramaturgo José Celso, que é bastante original:

A velhice é uma fase em que você tem que fazer coisas também, óbvio. Tem que meditar, fazer alongamento, criar um segundo corpo, já se preparando para a eternidade; e esse corpo é um corpo que se alimenta de tudo, que se alimenta do cosmos, que se alimenta de outros corpos. Você dá e recebe. E ganha a vida da mesma maneira que você ganhou sempre... O oposto do desejo é a morte. Só o desejo mantém a vida. Não ter juízo é uma dádiva dessa idade. Você perde o juízo, perde o julgamento. Só o desejo e a perda do juízo lhe dão em troca a vida, talvez até a vida eterna. E a vida é puro Eros, é puro tesão.

Vemos que a busca de Fausto pela vida eterna e pela eterna juventude prossegue em pleno século XXI, com suas novas nuances e desafios.

Alguns leitores poderão argumentar que os exemplos selecionados por Dráuzio Varella em seu programa, e por mim transcritos, são apenas de pessoas excepcionais, de sucesso e realizadas e que não refletem a média da população. Ora, mas essa é a ideia. As mentes mais lúcidas e de bem com a vida percebem sempre beleza mesmo nos dias em que há intenso nevoeiro. Com esses depoimentos e olhares é mostrado que envelhecer pode não ser tão catastrófico assim.

A esperança de vida — termo que reitero ser poético e significativo —, pela qual o homem tanto lutou, já é realidade nos dias atuais. No Japão, ela é hoje de 86,3 anos, e na maior parte da Europa é superior a 83 anos. Em outras palavras, a longevidade tão almejada por Fausto tornou-se nos dias atuais, ironicamente, quase quotidiana, mas mesmo assim a condição humana, demasiadamente humana, permanece.

O envelhecimento na arte

A questão da morte sempre foi nuclear na produção artística ao longo dos tempos. Como a vida só faz sentido a partir da morte, e com ela forma um todo dialético, inseparável, indissolúvel, da mesma forma como só é possível a explosão solar do dia pela existência lunar e misteriosa da noite, como só é possível música pela sua interrupção, silêncio, como só se percebe a dádiva da saúde quando surgem perturbações a ela, quando se compreende o que é uma maré cheia pisando a areia fina da praia numa vazante; assim a criação literária sempre se ocupou da morte.

Insisto em centrar o tema não na morte propriamente dita, mas, antes, em sua manifestação prévia, homeopática, universal, expressa no envelhecer e em tudo que decorre desse processo entrópico. Sobre ele diversos artistas nas mais variadas formas de expressão dirigiram sua atenção.

Inicio com um poema grego, um dos poucos atribuídos a Platão:

Envio-te a maçã com estas palavras:
recebe-a, se concordas em amar-me,
e dá-me em troca sua virgindade.
Mas se és contrária ao meu desejo,
Toma-a da mesma forma:
E nota como é efêmera a beleza.

Sempre achei esse poema primoroso. Ele faz ver a quem o lê — função superior da poesia — o claro processo da fruta rubra se deteriorando, demonstrando como a juventude física é efêmera e, em consequência, o próprio homem.

Shakespeare faz com que Cleópatra, no final do primeiro ato de seu *Antônio e Cleópatra*, lembre-se de seus verdes anos da juventude. "*My salad days/ When I was green in judgment, in cold in blood.*" Um exemplo das inúmeras expressões da língua inglesa criadas pelo poeta, sobre as quais me referi anteriormente e que serviram de inspiração e até de título para diversos outros autores posteriores. É muito conhecida a passagem de *Rei Lear* quando este, ludibriado pela bajulação de duas de suas três filhas, antecipa sua herança em vida e divide o reino, sendo advertido pelo Bobo: "*Thoushouldstnothavebeenoldtillthouhasdtbeenwise*", traduzido livremente para "Não devias ter ficado velho antes de teres ficado sábio".

O tempo, essa contínua ampulheta, esculpe e desenha todos os homens construindo marcas internas e externas igualmente indeléveis, sendo por isso mesmo matéria-prima permanente da literatura.

Os artistas plásticos também se ocuparam ao longo dos séculos da questão do envelhecimento. São conhecidos os admiráveis desenhos de Leonardo da Vinci sobre os velhos com todas as suas rugas e marcas visíveis do tempo. Em alguns trabalhos, Da Vinci põe lado a lado os velhos em contraste com os jovens numa didática crueza do efeito do tempo sobre o corpo físico. Um velho calvo, de nariz recurvado, boca reentrante, pescoço atravessado por rugas, olha para os olhos de um adolescente de rosto regular, com seus inúmeros anéis de cabelo que parecem balançar ao vento.

Igualmente famosos são os autorretratos de Rembrandt no final de sua vida, os quais se viu obrigado a pintar depois de ter sido colocado à margem pela sociedade que até então o adorava e comprava suas obras, por não ter mais encomendas da burguesia florescente nem recursos para pagar modelos. Esses trabalhos, dramáticos, lindos se misturam não sem razão com sua fase final, de cunho eminentemente religioso.

Retornando à literatura, encontramos um exemplo bem curioso e oportuno para nossa reflexão no romance *A mulher de trinta anos*, de Honoré de Balzac, publicado em 1832. Esse romance, que tem por título exatamente um marco temporal grave para a época, soa inadequado nos dias de hoje, quando as mulheres de 30 anos estão no apogeu de sua beleza, atuando como artistas, manequins e atletas, enfim atividades que dependem bastante de beleza física. Nada mais datado do que esse título, ainda que o romance em si mesmo seja uma defesa, digamos assim, das mulheres maduras, por parte de Balzac. Cunhou-se a expressão "balzaquiana" para definir as mulheres com mais de 30 anos. Fica claro o quanto o paradigma da juventude modificou-se em pouco tempo e ficou desconectado em relação ao século XIX, quando o romance foi escrito.

Balzac escreveu:

> Uma mulher de 30 anos tem atrativos irresistíveis. A mulher jovem tem muitas ilusões, muita inexperiência. Uma nos instrui, a outra quer tudo aprender e acredita ter dito tudo despindo o vestido... Entre elas duas há a distância incomensurável que vai do previsto ao imprevisto, da força à fraqueza. A mulher de 30 anos satisfaz tudo, e a jovem, sob pena de não sê-lo, nada pode satisfazer.

Existe, entretanto, uma eterna conexão entre juventude e beleza. Beleza sempre foi algo indefinível. Gosto muito dos versos de Keats quando afirma que *"a thing of beauty is a kind of joy forever"*, que traduzo livremente para "uma coisa bela é um tipo de prazer eterno". O que desejo ressaltar é que na medida em que os próprios parâmetros de esperança de vida se ampliaram ao longo dos séculos, os paradigmas da beleza — não ela em si mesma, pois a beleza permanece sempre como um acontecimento imediato, irresistível, fulgurante, sem necessidade de explicação — também foram encontrar outras relações.

Vemos que sem precisar vender a alma ao diabo, nem consumir elixir de bruxa, mulheres e homens de mais de 30 anos são considerados hoje jovens na sociedade atual. Não era o que ocorria na Europa de Balzac.

Machado de Assis, no seu conto "Uma senhora", descreve a capacidade de resistir ao tempo e manter-se sempre jovem em mais uma de suas insuperáveis personagens femininas:

> A primeira vez que a vi, tinha ela 36 anos, posto que só parecesse 32, e não passasse da casa dos 29... Cor de leite, fresca, inalterável, deixava às outras o trabalho de envelhecer... D. Camila sabia disto; sabia que era bonita, não só porque lho dizia o olhar sorrateiro das outras damas, como por um certo instinto que a beleza possui, como o talento e o gênio... Nenhum defeito, pois, exceto o de retardar os anos; mas é isso um defeito?

Passagem extraordinária de Machado, na qual a magia feminina, o status permanente e atemporal da beleza física, e a preocupação com os marcos externos do tempo estão sintetizados de forma lapidar. Diria até que de maneira mais profunda e elegante do que pelo próprio Balzac.

T. S. Eliot reconhece o peso inexorável dos anos com os seguintes versos:

Perdi minha paixão: porque deveria preservá-la
Se tudo o que se guarda acaba adulterado?
Perdi visão, olfato, gosto, tato e audição:
Como agora utilizá-los para de ti me aproximar?

Há nisso tudo um lamento, uma descrição perfeita da entropia e um sentimento de revolta silenciosa que costuma acompanhar o envelhecimento.

Oscar Wilde, em seu *O retrato de Dorian Gray*, verdadeira mistura de *Fausto* com *O médico e o monstro*, de Robert Louis Stevenson, seu único romance, construiu um clássico sobre o horror do homem moderno ao envelhecimento e sua luta febril em evitá-lo.

A arte, de forma geral, e a literatura, de maneira especial, sempre se ocuparam da morte e do envelhecimento. O personagem central, Fausto, desiludido da vida intelectual, vai procurar numa existência hedonista o prazer de um momento supremo. Para isso venderá a alma ao diabo, fazendo com ele um pacto que lhe assegure a longevidade e a eterna juventude.

É interessante observar que nunca se viveu tanto quanto nos dias atuais, mas nunca se investiu tanto no culto à beleza, na entronização da juventude como *pathos*. Todos os meios para retardar o envelhecimento são criados e adotados avidamente por homens e mulheres. O envelhecer não é mais reconhecido como uma fase especial de sabedoria e conhecimento, ao menos nas culturas ocidentais. Os homens e mulheres mais velhos, a despeito de continuarem plenamente ativos, são substituídos, em diversas atividades, por outros mais jovens. O intrigante é que a própria literatura reconheceu que diversos desses marcos, como "a mulher de 30 anos", não têm mais sentido atualmente. Apesar disso, a sociedade de espetáculo tem necessidade contínua de produzir um verdadeiro exército de reposição hormonal e humana nas fileiras do quotidiano. Devemos a Goethe parte importante desse debate.

O pacto

Inspirado num assunto popular que circulava na Alemanha desde o século XVI — a história de Fausto, homem sábio e desencantado, personagem do mundo medieval que se fez velho entre livros, sentindo-se frustrado com seus resultados e cada vez mais desejoso do poder ativo da magia, firma uma aliança com o diabo —, com ele Goethe renova o tema do "pacto demoníaco" de forma definitiva e singular.

Esse pacto se dará em duas cenas contíguas com o mesmo título "Quarto de trabalho", ambientadas no gabinete (*Studierzimmer*) de Fausto, que surge como um sábio tradutor da Bíblia, e o diabo, metamorfoseado sob a forma de um cão negro.

Deixemos que o próprio Goethe nos conduza. Fausto entra acompanhado de um cachorro, acreditando tê-lo encontrado por mero acaso em seu passeio ao ar livre. Não havia acaso. Abre a Bíblia no Evangelho Segundo São João e diz:

Escrito está: Era no início o Verbo!

....

Do espírito vale a direção,
E escrevo em paz: Era no início a Ação!

Quando a neblina criada por gênios aliados se dissolve, Mefistófeles, cinematograficamente, liberta-se da forma animal a que se achava aprisionado e se transforma num estudante viajante, surgindo detrás de um fogão trajando uniforme escolar. Quando Fausto pergunta qual é o seu nome, Mefistófeles responde:

Questão de pouco peso
Para quem vota aos termos tal desprezo
E que, afastado sempre da aparência,
Dos seres só procura a essência.

Sou parte da Energia
Que sempre o Mal pretende e que o Bem sempre cria.

Replica Fausto:

Com tal enigma, que se alega

Mefistófeles:

O Gênio sou que sempre nega!

....

Por isso, tudo a que chamais
De destruição, pecado, o mal,
Meu elemento é, integral.

Essa célebre definição de Mefistófeles irá repercutir na obra de diversos autores. Nosso grande Machado de Assis a cita em seu conto "A igreja do diabo" nos seguintes termos: "Senhor, eu sou, como sabeis, o espírito que nega." O genial James Joyce, no monólogo final de Molly Bloom, inverte essas palavras dizendo: "Eu sou a carne que sempre afirma."

E mais adiante Goethe introduz a ideia do "pacto" pela primeira vez, criando solução nova, distinta daquela de Marlowe e da tradição oral. Ele transforma o pacto numa aposta, retomando o dualismo bíblico existente entre Deus e o demônio, recriando a rebelião do homem no Paraíso.

Ele será sugerido pelo próprio Fausto. Mefistófeles espertamente irá de início recusar, percebendo não ser a ocasião apropriada para formalizá-la na cena subsequente.

Fausto:

O inferno, até, tem leis? mas, bravos!
Podemos, pois, firmar conosco algum contrato,
Sem medo de anular-se o pacto?

E Mefistófeles maquiavelicamente se despede de seu parceiro, que será inebriado num sono hipnótico, produzido novamente pelos espíritos aliados, com as seguintes palavras:

Outra dentada, eis livre a pista.
Bem, Fausto, adeus, agora, e sonha até a vista!

Na primeira cena, passada no gabinete de trabalho, Fausto voltava de um passeio ao ar livre na manhã de Páscoa. Mefistófeles sentiu não ser aquele ainda o momento adequado para atacar sua presa. Esperou. Aguardou. Nessa segunda cena, ele encontrará Fausto deprimido, desesperado e totalmente descrente da condição humana. Como na tradição popular, no teatro de marionetes e na tragédia de Marlowe esse pacto é um momento crucial na história do Doutor Fausto e, como dito anteriormente, Goethe inova dando a ele a forma de uma aposta.

Fausto começa maldizendo a existência humana:

Do amor, maldita a suma aliança!
Maldita da uva a rubra essência!
Maldita fé, crença e esperança!
E mais maldita ainda, a paciência!

Fausto ataca as virtudes fundamentais da fé cristã em toda a sua extensão tal como foram cristalizadas na definição de São Paulo em sua Epístola aos Coríntios 13:13, quando conceitua as três virtudes teologais:

Agora, portanto, permanecem fé,
esperança, caridade,
estas três coisas. A maior delas, porém, é a caridade.

Permite com isso que Mefistófeles se ofereça em igual proporção:

Pronto estou, sem medida,
A ser teu, neste instante;
Companheiro constante,
E se assim for de teu agrado,
Sou teu lacaio, teu criado.

E Fausto pergunta:

E com que ofício retribuo os teus?

Mefistófeles responde:

Tens tempo, que isso não se paga à vista.

Fausto exige a determinação do preço a ser pago:

Não, não! o diabo é um egoísta
E não fará, só por amor a Deus,
Aquilo que a algum outro assista.
Dize bem clara a condição:
Traz servo tal perigos ao patrão.

Mefistófeles se oferece como lacaio e criado de Fausto, ressaltando que no "outro mundo" esses papéis se inverterão. Não há como não vislumbrar nessa trama, nesse pacto algo essencial para a compreensão de um novo tempo, de um lado, e para a lógica de quase todas as religiões, de outro.

Obrigo-me, eu te sirvo, eu te secundo,
Aqui, em tudo, sem descanso ou paz;
No encontro nosso, no outro mundo,
O mesmo para mim farás.

Fausto replica:

Que importam do mundo os embaraços?
Faze primeiro este em pedaços,
Surja outro após, se assim quiser!
Emana desta terra o meu contento,
E este sol brilha ao meu tormento.

Mefistófeles promete:

Com as ideias que tens é possível arriscar-te!
Une-te a mim e verás, com toda minha arte,
Nos dias que hão de vir posso logo mostrar-te
O que homem nenhum no mundo pôde ver.

Fausto indica o que deseja para firmar o pacto. É curioso perceber como o sábio que antes buscava o conhecimento dentro do espírito medieval deseja agora uma vida que lhe assegure o prazer, um momento de fruição de felicidade plena na qual sua angústia e inquietação possam ser aplacadas.

Essa mudança de paradigmas e rumos representa uma nova sinalização, antenada com o que seria a modernidade. Há um novo mapeamento, uma busca por territórios até então desconhecidos da cartografia do pensamento ocidental.

Se estiver com lazer num leito de delícias
Não me importa morrer! Assim fico liberto!
Se podes me enganar com coisas deliciosas,
Doçuras a sentir, prazeres! Alegria!
Se podes me encantar com coisas saborosas,
Que seja para mim o meu último dia!
Quero firmar o acordo.

Mefistófeles, rápido:

Topo!

Fausto então proclama:

Repique o sino derradeiro,
A teu serviço ponhas fim,
Pare à hora então, caia o ponteiro,
O Tempo acabe para mim!

Mefistófeles então adverte:

Pense bem no que dizes. Diabo tem memória.

Firmam um compromisso com sangue. Esse compromisso pelo sangue está presente nas diversas versões do *Doutor Fausto*, remontando possivelmente ao ritual pagão de selar pactos com sangue entre pessoas. No *Doutor Fausto*, de Thomas Mann, ele está presente. No *Grande sertão: veredas*, de Guimarães Rosa, aparece seja no pacto supostamente selado por Hermógenes, seja nas elucubrações de Riobaldo. O tema do diabo é fundamental na obra roseana e já se escreveu bastante sobre o assunto. Guimarães Rosa serviu na Alemanha, dominava o alemão e foi profundamente marcado pela obra de Goethe.

Em seguida, Mefistófeles apodera-se da beca de Fausto, e, como o estudante que vem conversar com o professor não o conhece pessoalmente, é possível a Mefistófeles assumir esse papel. Esse trecho representa uma crítica satírica aos ritos acadêmicos dos séculos XVI e XVII. No sentido metafórico, o importante é que, com essa troca de papéis, implicitamente Fausto abdica da própria personalidade e se fusiona com a de Mefistófeles. Com ele irá caminhar como uma espécie de escudeiro por todo o *Fausto* até seu desfecho final. Um D. Quixote e um Sancho Pança de sinais invertidos, imbuídos de valores distintos, movimentando-se em séculos diferentes, mas que irão compor o outro apólogo da alma ocidental. No fim dessa cena, sairão juntos a conhecer o novo e a desbravar o futuro.

Mefistófeles diz o verso antológico:

Cinzenta, caro amigo, é toda teoria,
Verdejante e dourada é a árvore da vida!

Goethe será dos primeiros autores a introduzir a sexualidade de forma explícita em seu *Fausto*. Diversas passagens foram censuradas durante anos. A estrofe abaixo, desde quando o Fausto I foi publicado, foi censurada, e a palavra "sexo" exibia apenas a sua inicial, seguida pelas chamadas "reticências de decoro". Nela Mefistófeles diz a Fausto:

> Mais esperteza, de uma vez!
> Antes que o bom da vida se te esvaia.
> Com a breca! pernas, braços, peito,
> Cabeça, sexo, aquilo é teu;
> Mas tudo o que, fresco, aproveito,
> Será por isso menos meu.

É importante observar como um autor consagrado como ele, certamente o intelectual e escritor de maior prestígio da Alemanha no final do século XVIII e início do XIX, teve sua obra maior censurada dentro do próprio país. Esse dado nos dá a dimensão da importância e da revolução que *Fausto* promoveu.

O próprio Goethe cometeu uma enorme autocensura ao não incluir nessa primeira edição de 1808 a missa satânica da "Noite de Walpúrgis". Essa cena, excluída pelo próprio autor, é uma versão sacrílega do Sermão da Montanha, consagrando a sexualidade e o ouro como valores supremos.

Satã diz, entre outras coisas, o seguinte:

Duas coisas há para vós
Magníficas e grandiosas
O ouro reluzente
E o sexo da mulher.
O primeiro proporciona
O outro devora.
Feliz, portanto, aquele
Que de ambos se apodera.

E ao final Satã doutrina as jovens bruxas:

Sede puras durante o dia
E imundas durante a noite.

A sexualidade e sua correlata obscenidade estão entrelaçadas. Não há como negar os efeitos que a obra e a coragem de Goethe trariam para o ambiente intelectual das gerações seguintes.

Fausto é um livro de ambição absoluta. Com ele Goethe pretendeu em um único drama poético reunir todos os conhecimentos acumulados em sua longa produção intelectual. É importante compreender que Goethe "foi aclamado como um Messias literário quase desde o início de sua carreira", nas palavras de Harold Bloom, após a publicação de *Werther*. Assim, *Fausto* é deliberadamente extenuante, longo e complexo por opção do autor que pretendia e conseguiu fazer assim o seu livro definitivo.

Fausto é uma síntese do antigo com o moderno, do pagão com o cristão. Mistura e antecipa questões e a *psique* do homem moderno. A ideia gnóstica da salvação pelo pecado. A descrença em uma instância superior, melhor do que aquela que o homem concretamente se depara na sua existência terrena. A contradição entre moral puritana e moral hedonista. A preferência dionisíaca pelos prazeres sexuais e mundanos como alternativa ao apolíneo universo das ideias. A eterna inquietação intelectual. A possibilidade de aquisição de bens pelo dinheiro como forma de atuação objetiva sobre a vida. A percepção de um novo tempo fraturado, separado da Natureza. O amor pelo qual o homem moderno almeja, mas ao mesmo tempo precisa se salvar dele. É sobre esse amor titânico que irei me ocupar no próximo capítulo.

Werther

É impossível não vislumbrar em *Sofrimentos do jovem Werther* a matriz psicológica que seria mais bem-desenvolvida e encontraria sua forma definitiva em *Fausto*. Isso me parece lógico para um autor que escreveu muito tendo sua experiência como referência e que experimentou ele próprio, em sua longa existência, a dimensão fáustica de sua titânica personalidade.

Sobre *Werther*, creio que ninguém o analisou como tema literário e filosófico tão profundamente quanto Roland Barthes em *Fragmentos de um discurso amoroso*.

O amor fáustico, ao contrário do quixotesco, se consome, se dilacera no próprio processo da paixão. Goethe retoma o drama de amor do homem antigo calcado na recusa do objeto amado — tal como Aquiles na *Ilíada* — para dar a ele uma tessitura moderna, para inseri-lo no território dos homens que não são mais deuses e que podem assim amar.

Recordo Philip Roth, em *A marca humana*, através da qual seu narrador, Coleman Silk, professor de letras clássicas, inicia seu curso de literatura:

"Vocês sabem como começa a literatura europeia?", perguntava ele, após fazer a chamada na primeira aula. "Com uma briga. Toda literatura europeia nasce de uma briga." Então pegava sua *Ilíada* e lia para os alunos os primeiros versos: "Musa divina, canta a cólera desastrosa de Aquiles..." Começa com o motivo do conflito entre os dois, Agamenon, rei dos homens, e o grande Aquiles. E por que eles estão brigando, esses dois grandes espíritos violentos e poderosos? Por um motivo tão simples quanto uma briga de botequim. Estão brigando por causa de uma mulher.

Esse é o tema de Werther. Um hino à paixão de forma diversa, distinta daquela como o amor era tratado naquele momento pela literatura europeia, sendo ao mesmo tempo uma retomada do modelo clássico do drama do amor impossível, mas introduzindo um novo desenho, no qual a recusa do objeto amado se exterioriza não pela ação, mas antes e sobretudo pelo discurso amoroso. Para Werther, o amor é o centro de tudo e de todos, mais do que a própria amada Charlotte, que ao final acaba sendo uma personagem sem maior expressão. Por amar o amor e exaltá-lo, Werther prescinde do objeto amado, e talvez por isso Barthes suponha, com razão, que "se Werther tivesse sobrevivido, teria reescrito as mesmas cartas para uma outra mulher".

Esse estado de encantamento permanente, essa desordem da linguagem, da lógica e de sua intrínseca sintaxe, torna o apaixonado um ser superior, vivendo uma experiência única — ainda que angustiada —, mas cheia de magia e sedução. Por que abandonar esse universo tão fascinante para incorporar-se novamente à sucessão cronológica de um tempo meramente lógico? Não, o apaixonado, aquele que ama, não pode abandonar o seu dever amoroso.

Werther representa o jovem apaixonado que não economiza sentimentos, um pródigo que multiplica manifestações permanentes em torno de sua paixão em oposição ao marido Albert, que poupa felicidade, num processo de "economia burguesa da fartura". Werther é o detentor do amor-paixão, uma força especial ("essa violência, essa tenaz, essa indomável paixão"), aquela que ousa se expor ao gasto. Albert, marido de Charlotte, sustenta, entre outras coisas, que o suicídio é uma fraqueza. Discutem. Para Werther, ao contrário, o suicídio não é fragilidade, pois resulta de uma tensão. "Ó meu caro, se tencionar todo o ser é uma prova de força, por que tamanha tensão seria fraqueza?"

Esse ponto, o do excesso, seria mais bem-desenvolvido por outro francês, Georges Bataille, para quem o consumo, o excesso, está no comando de trocas que não são exclusivamente regidas pelo domínio da necessidade. A troca do nada, tal como definida por ele em *Parte maldita*, está ligada à prodigalidade, às despesas suntuárias, sem contrapartida, improdutivas. O organismo vivo recebe mais energia do que aquela de que, estritamente, tem necessidade. É esse excesso que os homens gastam no luxo, no amor ou na guerra, tudo num domínio que excede os fundamentos antropológicos da economia política clássica. Um grande amigo meu dizia, de forma intuitiva, a mesma coisa quando sustentava que a vida é feita para gastar, e não para guardar.

Na vida real, sabemos que Goethe pensou seriamente durante o período em que escrevia *Werther*, em se matar, na juventude angustiada dos seus 25 anos, por viver um amor impossível, apaixonado por Charlotte Buff, noiva de um grande amigo seu. Torna-se, assim, um caso concreto do poder curativo da arte para alguns tipos de mazelas, como a psicanálise o descobriria depois, numa bem-sucedida elipse do que a arte tem de melhor a oferecer. Na iminência de sua própria morte, o autor mata o seu personagem e permanece vivo.

Corajoso é quem ama e corre riscos. Aquele que conhece a exuberância em oposição à parcimônia burguesa. Ao ser culpabilizado pela epidemia de suicídios provocada pela publicação de *Werther*, primeiro por um lorde e depois por um bispo inglês, Goethe respondeu em termos estritamente econômicos: "Vosso sistema comercial bem que fez milhares de vítimas, por que não tolerar algumas ao Werther?"

Werther sabe, tem consciência, que suas chances amorosas com Charlotte são mínimas, porque Albert — esse contraponto burguês ao protagonista do romance — é um homem prático, bem-sucedido, que vive equilibradamente e também tem adoração por Lotte. Ainda assim, ele não evita, não reprime, não tolhe esse sentimento avassalador — heroicamente moderno e contemporâneo —, tal como concebido por Goethe.

Essa paixão devastadora, essa nova forma de amar na qual está sempre presente o conflito entre a satisfação momentânea e o elo do destino a ser cumprido pelo homem moderno será a contribuição fundamental de Goethe, seja com Werther, seja com Fausto. Essa antinomia permanente do homem dividido dentro de si até o infinito, esse trágico problema — insolúvel, aliás — do ser querer o amor, mas precisar salvar-se dele, antecipa questões que a arte e a própria existência contemporânea iriam se defrontar. Por isso, Fausto permanece como símbolo e apólogo da alma ocidental.

O amor titânico

Após a cena do pacto, segue-se outra, passada numa taverna em Leipzig, na qual Goethe incorpora referências à Revolução Francesa e à boemia estudantil. Depois da taverna, Fausto e Mefistófeles vão à cozinha da bruxa, na qual Fausto tomará uma poção mágica para ficar mais jovem e bonito. Trata-se de uma referência clara aos estratagemas pelos quais o homem tenta rejuvenescer. Qualquer semelhança com a vida atual não é mera coincidência...

Na cozinha da bruxa, nossos personagens travam o seguinte diálogo:

Fausto:

Da mágica infernal repele-me a loucura;
Acaso me prometes cura
Neste sarapatel de qual delírio emana?
Peço conselhos de uma velha indouta?
E me subtrai a vil chanfana
Trinta anos da carcaça rota?

Mefistófeles:

Só há um meio então; é a bruxa recorrer!

A bruxa, com muito cerimonial, oferece a bebida em uma taça. Quando Fausto a leva aos lábios, surgem pequenas chamas.
Isso faz com que Mefistófeles diga a ele:

Vamos, bebe depressa! Avante! Avante!
Em breve ela fará teu coração radiante.
Com o Diabo estás em franco entendimento,
E diante da chama arranjas fingimento!

Fausto vê uma mulher lindíssima no espelho da feiticeira, fica absorto num movimento especular de aproximar e afastar de si tal espelho e quer continuar a ter essa visão.

Fausto:

Só quero ainda espreitar no espelho a aparição!
Mulher nunca houve como aquela!

Mefistófeles:

Não! não! há de surgir-te, em carne e osso, a visão,
Do sexo em breve a flor mais bela.

Saem para a rua na qual Fausto, já rejuvenescido pelo elixir da feiticeira, encontrará Margarida pela primeira vez.

Fausto:

Formosa dama, ousar-vos-ia
Oferecer meu braço e a minha companhia?

Margarida:

Nem dama nem formosa sou,
Posso ir pra casa a sós, e vou.

Seguem-se cenas de tentativa de conquista de Margarida por parte de Fausto. A jovem moça inicialmente recusa esse amor, depois, com a intermediação permanente de Mefistófeles, Fausto, rejuvenescido pelo elixir, conseguirá seu coração. Na cena final, Margarida, num estado de prostração e loucura, na prisão, sentindo horror à presença daquele ser diabólico que sempre acompanha o seu amado Fausto e sobre ele se impõe; suicida-se, suplicando pela salvação da sua alma.

Fausto representa bem a figura do homem angustiado, insatisfeito com sua condição de mortal, recorrendo a qualquer meio para realizar seu sonho de felicidade. Margarida, por seu turno, é a expressão da candura e inocência. Sobre ela Mefistófeles não exerce qualquer poder. Quando se encontram pela primeira vez com

Fausto e este a reclama para si, Mefistófeles responde: "Sobre ela não tenho nenhum poder."

Ela odeia profundamente esse homem estranho, companheiro inseparável de seu amado Henrique (Fausto) e que exerce tanta influência e poder sobre ele. Diz diretamente: "A presença desse homem me inspira terror."

Há uma tensão permanente entre Mefistófeles e Margarida, como entre Fausto e ela, dado o conteúdo humano de Fausto, em quem o demônio ainda vislumbra resquícios do antigo Doutor, ao dizer-lhe: "No teu corpo o Doutor ainda jaz."

O Fausto de Goethe representa, de um lado, o confronto dialético de um amor puro e angelical personificado em Margarida, e, de outro, o diabólico de Mefistófeles, síntese da sedução e do encanto dos desejos carnais e materiais; e no meio, Fausto, amante de Margarida e amigo de Mefistófeles, símbolo da alma romântica dividida entre o sonho e a vida real.

Fausto, na verdade, não é o grande personagem do poema, oscilando permanentemente entre conflitos de amor e tentação, prazer e punição, sempre dividido entre ação e arrependimento. O personagem rico, central, modernamente humano é Mefistófeles. Concordo totalmente com Harold Bloom quando ele afirma que

> Fausto não tem um espírito ou personalidade humanos, mas Mefistófeles, deliciosamente, sim. Quando escreveu sobre Mefistófeles, Goethe foi um verdadeiro poeta, e sabendo-se do lado do Diabo, pois parece ter sabido de tudo.

Esse fenômeno ocorreu em diversas outras obras-primas da literatura nais quais um personagem que não deveria ser o central acaba por se impor à trama e passa a ser a voz mais profunda, independentemente da organização inicial concebida pelo autor. Lady Macbeth, por exemplo.

Goethe constrói uma obra que tem muito de sua própria vida. Ele transfere para seu herói parte de sua experiência pessoal, e Fausto vai evoluindo na medida em que Goethe vai vivendo. Durante o período em que viveu em Estrasburgo, conhece e se apaixona por Friederike Brion, filha de um pastor de uma aldeia próxima, a quem ele depois subitamente abandona. Mais tarde se sentirá culpado por esse abandono:

> Agora eu era culpado pela primeira vez. Eu partira o melhor dos corações até o fundo e aquela época de sombrio remorso foi extremamente penosa, intolerável mesmo, na ausência do amor apaziguador a que eu estava habituado.

A imagem de Friederike continuará em sua memória e ele a imortalizará na personagem Margarida, de *Fausto*.

Goethe defende seu futuro não sacrificando seu presente. Essa estrutura psíquica conduziu seus inúmeros relacionamentos com as mulheres em toda sua longa existência. Mais do que o ser amado efetivamente, ele ama mais o amor. Ele teme perder a liberdade e assim acaba ferindo, às vezes sem perceber, o objeto do seu amor. Há um narcisismo estrutural que faz com que ele sempre goste mais dele próprio que do ser amado.

Por essa razão, em seu estudo, San Tiago resume:

> O abandono de Frederica é, porém, o sacrifício de Frederica, e nisso está o drama escatológico do amor titânico, que não pode retribuir até o fim o amor recebido, e tem de ferir e perder para retornar à liberdade.

O amor fáustico ou titânico se contrapõe ao quixotesco, de tal forma e intensidade que custamos a reconhecer entre eles uma essência comum. Esse outro apólogo da alma ocidental, "Fausto", e não mais "O Quixote", melhor traduz a forma moderna das relações humanas nas grandes cidades. Há pressa, há desespero nas ruas e nos homens. "A cidade sou eu, sou eu a cidade, meu amor", irá bradar Drummond. Neruda publicará seus famosos *Vinte poemas de amor e uma canção desesperada*. Picasso pintará "As senhoritas de Avignon" com a tinta preta da arte africana e fará retratos de Dora Maar chorando lágrimas cilíndricas de horror pela Segunda Guerra e de desespero e desalento pelo fim do amor.

No amor quixotesco, ao contrário, não há tragédia. Nele não pesam receios, remorsos, conflitos nem desejos. Sendo antes de tudo doce doação, ele representa o oposto da trama fáustica.

O Fausto representa, sob nova roupagem, a retomada da mesma fábula de *Werther*, pois ambos trabalham motivos intermitentes e permanentes da vida e criação artística de Goethe. O herói goethiano deseja sempre ardentemente o amor, mas teme em igual proporção o seu aniquilamento nesse processo. Se, de um lado, ele aspira ao amor satisfeito do doce instante — aquele pelo qual Fausto aposta com Mefistófeles —, de outro, necessita a conservação incessante de sua liberdade individual, o que fará com que abandone Margarida à própria sorte, mesmo amando-a.

Esse compromisso supremo do homem com sua liberdade e luta permanente para sua manutenção irá definir de certa forma o homem moderno. Torna-se inconcebível para esse homem que a escolha do amor se faça em detrimento da realização do seu próprio destino. Assim, como nem sempre há harmonia na trajetória humana e que "a vida é a arte do encontro, apesar de haver tanto desencontro pela vida", o ser humano prossegue à procura do amor e, antes de tudo, à procura de si mesmo.

O homem contemporâneo é mais fáustico do que quixotesco. Nesse longo decurso transcorrido entre a publicação dele e o dia atual, muita coisa ocorreu. Várias guerras mundiais asseguraram ao homem que, a despeito de toda evolução, seu potencial destrutivo está sempre ali, presente, à espreita e à disposição. Mefistófeles é Tânatos.

A descoberta científica da pílula. O sexo dissociado pela primeira vez da procriação e aliado apenas ao prazer, sejam heterossexuais ou homossexuais. A libertação sexual, a ascensão da mulher no mercado de trabalho mundial, as conquistas políticas e jurídicas em favor da igualdade dos sexos permitiram que o homem moderno pudesse exercer sua sexualidade com mais liberdade. Nesse sentido, Fausto é Eros.

Um poeta romântico da grandeza de Vinicius sintetizou esse novo amor titânico, fáustico, precário, sem deixar de ser eterno, assim:

Eu possa me dizer do amor (que tive)
Que não seja imortal, posto que é chama,
Mas que seja infinito enquanto dure.

Epílogo

Diversas questões econômicas modernas foram igualmente esboçadas em *Fausto*. Goethe encara a modernização como uma sublime realização espiritual transformadora da sociedade na direção do futuro. Talvez por isso o crítico Georg Lukács defenda que o último ato de *Fausto* é na realidade a tragédia do desenvolvimento capitalista no fim de sua primeira fase industrial.

Goethe é fruto de um momento riquíssimo da história da humanidade entre a Revolução Francesa, no final do século XVIII, e a revolução econômica resultante do ambiente político e do industrialismo do início do século XIX. É abundante em *Fausto* a referência ao dinheiro como um novo elemento dessa nova sociedade, como poder sobre as circunstâncias e sobre os homens. São múltiplas as situações em que o dinheiro é invocado com uma naturalidade até então desconhecida na literatura. Mefistófeles a ele se refere permanentemente. Karl Marx, leitor assíduo de *Fausto*, ilustra um trecho de sua análise da troca de mercadorias com alusões a versos de Goethe.

Estamos todos inseridos numa nova perspectiva, distantes da repulsa categórica e radical ao capital financeiro que predominou durante toda a Idade Média e que refletia os interesses predominantes de uma sociedade estruturada apenas na propriedade agrária. As cidades começam a ter força e organizam a vida moderna deixando o campo em segundo plano. Os mercados formados fora dos burgos irão criar outro intercâmbio entre as mercadorias e o surgimento de uma nova classe. Essa nova classe emergente, burguesa, detentora do dinheiro em espécie, irá substituir a nobreza fundiária amparada na propriedade da terra.

Há uma grande diferença entre a primeira e a segunda parte de *Fausto*, e é nessa última que Goethe irá concentrar suas preocupações de natureza econômica e sua visão de uma nova sociedade. Harold Bloom prefere dedicar-se em *O cânone ocidental* à segunda. Pessoalmente, prefiro a primeira, pois julgo que as dimensões simbólicas que sublinhei nesse ensaio — o tempo contemporâneo e o amor fáustico — estão mais bem-condensadas nela. A primeira também é certamente a mais conhecida do público em geral e a que mais inspirou artistas ao longo do tempo.

O próprio Goethe é quem, certamente, melhor explica e define as diferenças entre uma e outra numa de suas conversas com Eckermann, em 17 de fevereiro de 1831:

A primeira parte é quase toda subjetiva. Saiu tudo de um indivíduo mais confuso e apaixonado, estado de semiobscuridade que pode ser benéfico aos homens. Na segunda parte, porém, quase nada é subjetivo, aparece nela um mundo mais alto, mais largo, mais claro e menos apaixonado, e quem não tiver olhado à sua volta e não tiver vivido nada saberá fazer dela.

Na segunda parte é que se condensam os pensamentos econômicos de Goethe. Ele concebe um modelo no qual é dada prioridade absoluta aos gigantescos projetos de energia e transporte em escala mundial. No último ato, o cenário é um imenso canteiro de obras no qual Fausto, o Fomentador, propõe a integração de todas as forças produtivas.

São famosos os versos finais:

Sim! da razão isto é a suprema luz,
A esse sentido, enfim, me entrego ardente:
À liberdade e à vida só faz jus,
Quem tem de conquistá-las diariamente.
E assim, passam em luta e em destemor,
Criança, adulto e ancião, seus anos de labor.
Quisera eu ver tal povoamento novo,
E em solo livre ver-me em meio a um livre povo.

Fausto se apresenta como paradigma do homem contemporâneo ao debater essas novas questões. As mudanças econômicas e jurídicas produzidas pela Revolução Francesa e pelo industrialismo irão impactar

Goethe profundamente. Ele traz para a Alemanha a compreensão desses novos tempos exaltando essas mudanças em sua obra.

Nesse momento, torna-se importante indagarmos qual a ligação do *Fausto* escrito há tantos anos com o que vivemos no Brasil e em outros países atualmente, e se haveria alguma lição permanente a ser extraída desse clássico. Acredito que sim. São várias as lições que ainda são atuais e servem ao homem contemporâneo, podendo ajudá-lo na sua compreensão dessa imensa e grandiosa aventura.

A certeza de que o homem não pode ambicionar vida eterna se não souber aproveitar a que ele já tem como dádiva. A noção que o gênero humano expandiu em muito a extensão quantitativa da vida, mas que é preciso exercê-la com qualidade. Saber que envelhecer pode trazer muitas perdas, mas traz alguns ganhos e que esses talvez sejam maiores. Talvez. A clareza que os homens e mulheres podem e devem amar da forma mais livre possível, mesmo que esse amor seja curto, temporário, intenso, conquanto seja sempre infinito. A convicção de que nenhum ser humano pode ser feliz sozinho. A consciência de que a liberdade nunca nos é dada, sempre é conquistada, todos os dias, pelo trabalho e destemor de homens e mulheres desse admirável mundo novo.

SEGUNDA PARTE

A NOVA PESTE

Arte contemporânea

Introduzo um tema que me parece relevante: a situação da poesia na produção artística do nosso tempo. Falo disso com sentimento e engajamento pessoal. A maior parte de minha obra literária é poética. Vivi e vivo as grandezas e misérias desse meio superior de expressão literária. Ezra Pound, em seu clássico *ABC da literatura*, dizia que "grande literatura é simplesmente linguagem carregada de significado". Insistia que poesia era a mais condensada forma de expressão.

Pound sustentava que a grande ruptura na história literária europeia ocorreu com a passagem das línguas flexionadas para as línguas não flexionadas. Roman Jakobson iria retomar esse tema anos depois. Esclarecia suas preocupações a respeito da essência da poesia e sua visão pessoal desse longo processo de construção sustentando que:

A música apodrece quando se afasta muito da dança. A poesia se atrofia quando se afasta muito da música. Há três espécies de melopeia, a saber: a poesia feita para ser cantada; para ser salmodiada ou entoada; para ser falada. Quanto mais velho a gente fica, mais a gente acredita na primeira.

Para ele, o ápice teria ocorrido na poesia provençal, poesia dos trovadores que significaria a "arte total" sendo a reunião da cultura de uma época. Quanto mais a poesia tenha se afastado da música, mais ela teria perdido esse poder encantatório e essa capacidade de condensação. Essa era sua visão.

Penso bastante nessa colocação de Pound sem concordar integralmente com seu radicalismo (pois creio que a poesia contemporânea encontrou formas de se reinventar), mas dando razão, em parte, ao seu diagnóstico.

Fico intrigado em tentar entender o que teria ocorrido para que a poesia tivesse perdido seu interesse no século XX e neste século XXI. Não podemos esquecer que até o século XIX a poesia teve um espaço e um público específico, e por que não dizer, especial. Tobias Barreto e Castro Alves declamavam em teatros lotados. Faziam sucesso efetivo. Maiakóvski, no início do século XX, adorava ler seus versos em público e achava fundamental esse contato ao vivo com seus leitores, que formavam um público expressivo. Parte da dicção de sua obra era feita para voz alta, ou seja, para ser lida em público. O que justificaria a situação atual da poesia quando, apesar de ser reconhecida como fundamental, como a linguagem em seu estado mais puro e radical de condensação, na prática está esquecida?

Entrem, leitores, em qualquer livraria. Procurem a estante de poesia. Vejam que estamos falando de livrarias ligadas à literatura, que ainda possuem um espaço para a poesia, o que não ocorre com todas. Vocês irão se deparar com o menor espaço da livraria, às vezes uma pequena estante, muitas vezes um trecho de estante. Paradoxalmente, todos os livros de poesia são considerados, na maior parte das vezes, como esgotados. Como sou autor de mais de seis livros individuais e participo de algumas antologias, falo com conhecimento de causa. A razão é bem simples. Nenhuma edição na imensa maioria das vezes ultrapassa a primeira. Assim, para todos os efeitos, como também não mais interessa a nenhuma editora reeditar os livros, eles são considerados esgotados.

Comparem o espaço — digo até físico — dado à poesia com o que é concedido à prosa de ficção, seja conto ou romance. Não farei a provocação sórdida de compará-lo ao espaço da autoajuda... Verão que é mínimo. A despeito de sua importância permanente, a poesia hoje vive num gueto em termos do mercado literário.

Parte desse esvaziamento do gênero e de seu confinamento deve-se também a uma radical mudança de percepção e do consumo da arte numa sociedade de espetáculo. Não há mais espaço para a poesia da forma como ela pretendia ser entendida. Surgiu um novo deslocamento do processo de criação poética que se transferiu da palavra escrita para a palavra cantada, aproximando-se assim do conceito de melopeia ao qual Pound se referia.

No Brasil, um poeta como Vinicius de Moraes com uma obra escrita da maior qualidade, um dos grandes da geração pós-1945, vai se desligar do seu grupo literário e juntar-se a músicos como Tom Jobim, Chico Buarque, Baden Powell e depois Toquinho. Esse fenômeno vai ocorrer sincronicamente em quase todo o planeta a partir dos anos 1960.

Bob Dylan é certamente um dos maiores poetas vivos em língua inglesa, autor de inúmeras obras-primas. John Lennon também. Jacques Brel (apesar de ser belga de nascimento) fará o mesmo com a língua francesa. Na língua portuguesa, Chico Buarque e Caetano Veloso irão crescentemente trazer invenção e criatividade para o verso cantado numa dimensão talvez não encontrável no verso escrito.

É digna de nota a opinião pessoal de um desses melhores artífices, Chico Buarque, sobre o que ele entende ser o futuro da canção nessa sociedade veloz. Disse ele em entrevista recente: "Assim como a ópera, a música lírica foi um fenômeno do século XIX, talvez a canção, tal como a conhecemos, seja um fenômeno do século XX."

Não é que a palavra cantada tenha retirado a magia e o poder da palavra escrita. Não é isso. Vários são os grandes poetas em exercício que provam a força perene do livro. O que quero salientar é que aquele lugar antes ocupado pelo poeta é hoje muito mais facilmente exercido através da música em sua comunicação moderna com o público.

João Cabral, na memorável conferência "Poesia e composição — a inspiração e o trabalho de arte", provavelmente sua grande contribuição teórica sobre o assunto, nos alertava: "Se se caminha um pouco mais na direção apontada por Mallarmé, encontra-se o puro jogo de palavras." Esses grandes compositores vão empreender um retorno de som e sentido à poesia contemporânea.

Nas artes plásticas, vivemos um momento paradoxal. De um lado, há uma efervescência genuína na sua produção atual, uma multiplicação de espaços e galerias e uma enorme valorização financeira em torno dela em diversos países. De outro lado, há uma enorme confusão entre arte e mercado, entre a criação efetivamente consistente e o simples modismo que não resistirá a uma década, quando muito.

Em 1980, há 33 anos, em nosso "Manifesto artístico", que recuperamos neste livro retirando-o do limbo da memória, já havíamos intuído e abordado a questão nos seguintes termos:

> Isso não nos deve levar a uma total confusão e isenção crítica sobre a qualidade do fazer artístico. Ao contrário. Uma pintora amiga minha, após visitarmos juntos uma exposição vanguardista, disse-me, com ironia: "Depois de Van Gogh, os críticos de arte temem emitir uma opinião sincera sobre determinado artista jovem, com receio de serem julgados antiquados num futuro próximo."

Vivemos um momento em que o predomínio das instalações impôs uma nova lógica no processo de produção artística. O artista não trabalha mais só, mas, antes, conectado, conjugado com um curador (muitas vezes também colecionador) e com o espaço de um museu. São produzidas obras que ocupam normalmente quase que a integralidade do espaço público e que são dirigidas mais para a inteligência lógica do que para a emoção.

O espaço de um museu por si só — para o grande público — já sacraliza o que nele é exibido. Há uma tendência de endosso intelectual imediato em tudo que é exibido nesse espaço. A imensa maioria desses novos criadores não veio de uma trajetória prévia do aprendizado do desenho, da pintura e da gravura, do convívio e do domínio desses meios de expressão; a maioria vai diretamente para o desafio da instalação.

Ferreira Gullar, além de sua insuperável obra poética, é para mim o mais lúcido e corajoso crítico de arte do país e quem tem melhor debatido o assunto. Há muito que ele vem denunciando a "instituição da novidade como valor fundamental da arte".

Na sua *Argumentação contra a morte da arte*, Gullar nos mostra que a busca do novo pelo novo é uma empresa fútil, entre as quais as instalações (que logo se desmontam) que passam a ser

atitudes e obras de caráter efêmero e datado que, no final das contas, visam mais à promoção através da mídia do que à expressão estética permanente. Essa é uma atitude legítima, decorrente de uma opção: a renúncia às pretensões estéticas de recriar a imagem do mundo na tentativa de incutir-lhe significado e beleza. Em vez disso, o antiartista, descrente de qualquer valor durável, adere ao espírito da civilização consumista: a cultura do desperdício e da obsolescência acelerada. Nessa cultura autodestrutiva, o único consolo é a fama, a presença nos veículos de massa. Só é valor o que é notícia, só é notícia o que é novidade. E como todos buscam a novidade, é preciso ir cada vez mais longe na cata da extravagância.

O que fica de permanente é a criação de uma linguagem própria através da qual, com seus signos, o artista consegue explicar o mundo ou ao menos decifrar parte do enigma que o caracteriza. Por isso, o que o artista produz e o que transforma a arte em um objeto especial é a existência de uma proposta inédita que acrescente algo de novo à macroestrutura já existente. Nessa dimensão, acrescentar apenas objetos materiais a essa estrutura material — como tem sido a grande característica de parte da produção em artes plásticas atual — não é função do artista, nem da arte.

Jean Baudrillard, com outras palavras, situa a questão dessa produção contemporânea da seguinte forma:

> É nula porque engendra todos os detritos da vida quotidiana, tornou-se — no mínimo, após Duchamp — essa espécie de refração automática de uma certa banalidade, a ponto de se tornar detrito, sem deixar de se servir de toda a ênfase e aura de que está aparelhada a prática artística.

E mais adiante indica que a arte contemporânea transformou seu desaparecimento, sua autodestruição em sua própria matéria de comercialização. Essa produção renega seus princípios de ilusão para se tornar uma *performance* de instalação, pretendendo com isso recuperar todas as dimensões do palco, da visibilidade, tornando todo esse processo extremamente operacional e, até mesmo, quando se trata do corpo dilacerado, mutilado do artista, acaba sendo uma operação conceitual.

Recordo-me com clareza, por ocasião da Feira do Livro em Frankfurt, em 1994, quando visitei uma exposição extremamente elogiada e saudada pela crítica de um artista suíço que acabara de falecer. Quando entrei na exposição, deparei-me com um ambiente médico completo. O artista, que tinha contraído Aids, colecionara todas as ampolas, seringas, algodões e remédios envolvidos no seu tratamento e tentativa de cura, que naquela ocasião, infelizmente, ainda não tinha alcançado as vitórias científicas que hoje, felizmente, modificaram o enfrentamento dessa doença. Havia naquele conjunto um depoimento da dor, uma arqueologia do sofrimento, mas não existia na verdade uma linguagem que traduzisse isso em termos universais e permanentes. Saí de lá com esse sentimento, mas sem a clareza com que posso agora conceituar.

Outra dimensão importante é a função da obra de arte numa sociedade de consumo. No nosso "Manifesto artístico", tínhamos formulado a questão da seguinte forma:

Numa sociedade de consumo, a arte acaba também por ser um objeto de consumo como qualquer outro. Tem oscilações. Altas. Baixas. Concorrências. Como não existem mais mecenas, os artistas, nos dias de hoje, têm que ser profissionais para não serem serviçais.

Toda a pintura anterior ao Renascimento era de natureza mural. A descoberta da tinta a óleo permitiu o surgimento do quadro de cavalete. A pintura sai pela primeira vez da parede e se torna um objeto capaz de ser transportado e assim mais facilmente comercializado. Nesse processo surge a figura do burguês amante e colecionador de obras de arte, que irá possibilitar um novo fluxo financeiro ao universo das artes plásticas.

Ferreira Gullar sintetiza esse momento:

> Assim a condição de mercadoria a que toda obra de arte se submete, desde a instauração do regime capitalista, atinge-lhe a própria essência, tornando-a apenas uma mercadoria como as outras.

Os saltos coletivos da arte — isso não se aplica à produção individual — só ocorrem quando existem condições coletivas para tal. Recordo-me aqui da revolução que representou o teatro elisabetano. O palco modifica-se alterando o seu formato físico e sua relação com a plateia que perduravam desde o teatro grego. Nesse mesmo momento, surge o direito ao copyright — que é a gênese do direito autoral —, e autores como Marlowe e Shakespeare irão produzir um teatro inovador, arrebatador, no qual se conjugava qualidade com popularidade. Todos esses processos, se observados em seu conjunto, se interligam. Os artistas como antenas da raça formam um movimento cultural quando existem condições históricas necessárias e suficientes para que isso ocorra.

No Brasil recente, isso se deu com a Bossa Nova, com o Cinema Novo, com o Tropicalismo e com o Clube da Esquina. Os pianos caracterizaram a paisagem musical do Rio de Janeiro do século XIX e de parte do XX. Com o crescimento da cidade e a demolição das antigas casas senhoriais, tornou-se obrigatória a propriedade vertical, ou seja, a construção de edifícios. A cidade se adensou pelo bem e pelo mal de forma inexorável, como ocorreu em todas as concentrações urbanas. Os pianos tiveram que ser abandonados e o que subiu aos novos prédios foi o violão, que se tornaria o instrumento musical por excelência de todos os movimentos musicais acima referidos.

Numa primeira fase, as *majors* estrangeiras da indústria fonográfica se limitavam a prensar seus discos no Brasil em função dos custos mais baixos e depois reenviá-los para serem vendidos no exterior. Em 1967, é formada a Associação Brasileira dos Produtores de Discos. Nesse mesmo ano, foi promulgada a lei de incentivo fiscal, que permitia às gravadoras aplicar o ICM devido pelos discos internacionais em gravações nacionais. Surge assim o mecanismo financeiro para impulsionar a produção de discos nacionais. Uma geração de músicos e compositores talentosos vai encontrar as condições para iniciar um novo movimento cultural.

A criação como manifestação individual é natural e eterna, e quando ocorre, sempre surge com a imprevisibilidade irresistível e fulgurante da beleza. Entretanto, a criação como fenômeno coletivo, como construção de um movimento cultural, como os que anteriormente nos referimos, vai precisar de condições que permitam sua eclosão, nas quais, além do talento individual, iremos encontrar variáveis históricas e econômicas necessárias para que ele possa se consolidar.

Religação

O protestantismo surge como uma resposta germânica aos excessos praticados pela Igreja Católica ao longo de toda a Idade Média. Não tenho dúvida de que a Igreja se afastou da essência do cristianismo, das ideias centrais de Jesus Cristo, tal como descritas nos Evangelhos sinóticos e em São Paulo. Foram esquecidas em prol de um projeto político e de poder. O fausto e a riqueza material da Cúria Romana chocam-se frontalmente com o núcleo humano essencial do cristianismo.

Por isso, acho extremamente relevante que se analise com atenção a nova realidade do mapa religioso que o Censo brasileiro de 2010 nos trouxe e cujas fronteiras e demarcações precisam ser mais bem-estudadas e decifradas.

Entre 1960 e 2010, o Brasil viu a parcela de sua população que se declarara católica cair de 93,1% para 64,6%. A queda foi constatada pelo IBGE (Instituto Brasileiro de Geografia e Estatística) a partir das novas informações do Censo 2010.

O Brasil é um país cada vez menos católico, embora essa ainda seja a religião majoritária. A queda da população católica foi recorde entre 2000 e 2010. Até 1991, os católicos eram 83% da população. Em vinte anos, essa população diminui 22%, ou seja, em proporção, a Igreja Católica perdeu mais de um quinto de seus fiéis.

Por outro lado, a população de evangélicos no Brasil aumentou para 44%. Ela já vinha crescendo em ritmo acelerado desde a década de 1991 até o ano 2000, e nesse novo Censo saltou de 15,4% para 22,2%. Acho que esse fato é importantíssimo e deve ser objeto de estudos e reflexões mais profundos. Não tenho conhecimentos específicos para tal, possuo apenas lucidez e coragem para expor o problema. Adianto algumas hipóteses que fazem nexo para mim.

A Igreja Católica continua a ser praticada e exercida com uma liturgia imutável, distante do homem contemporâneo. Os temas centrais da população, especialmente a de baixa renda, são solenemente ignorados pela prática nas igrejas. Isso não quer dizer que não haja um núcleo fundamental nas comunidades de base trabalhando sem cessar. Parte desse núcleo, inclusive em sua origem, veio ajudar a formação do Partido dos Trabalhadores — PT. Esse núcleo, entretanto, é voto vencido nas questões atuais da Igreja Católica no Brasil, que continuam a ser pautadas pela visão da Cúria Romana.

Uma constatação óbvia é que os padres mais talentosos, mais carismáticos, com mais poder de comunicação são afastados, desviados das igrejas e paróquias onde começam a fazer sucesso pela visão retrógrada de que uma missa alegre e concorrida é contrária aos cânones eclesiásticos. No lugar desses padres nas principais paróquias do Rio de Janeiro — faço questão de frisar que essa observação se circunscreve ao Rio, ainda que eu intua que se multiplique pelo Brasil afora — são colocados padres ortodoxos, que rapidamente conseguem esvaziar as igrejas com enorme competência clerical. Não há quebra dos cânones, mas tampouco existem fiéis a engrossar o rebanho...

O culto evangélico é alegre e comunicativo. O homem quer e necessita de interação. O cidadão comum, que tem uma vida dura em seu quotidiano, que se debate horas e horas no precário sistema de transporte, não tem um sistema de saúde nem uma rede de segurança que o proteja, encontra nesses templos, ao menos, um interlúdio para sua solidão. Ele canta, ele repete mantras com seus amigos e se sente acompanhado.

Além disso, os sermões evangélicos falam com enorme frequência de problemas materiais, das diversas formas pelas quais o homem pode conseguir os recursos materiais que necessita para sua existência na Terra. Repito com clareza: recursos materiais. Não é feio, não é anticanônico no culto evangélico falar em dinheiro; ao contrário, esse tema é recorrente.

Não estou aqui fazendo apologia a nenhuma religião, pois todas, num certo sentido, me interessam igualmente. Examino a questão religiosa em sua dimensão permanente, semântica, derivada do latim *religare*, ou seja, todo movimento do ser humano em sua religação com o divino. Estou apenas querendo sublinhar como a questão religiosa continua central e atual. Esclareço, ainda, que sou, antes de tudo, um místico, mais do que um religioso, o que não me impede de refletir criticamente sobre o que vem ocorrendo.

O impacto das religiões sobre o ambiente intelectual e cultural dos países ainda é intenso, mesmo que isso não seja mais sentido nos países laicos e democráticos. Um conjunto gigantesco de nações continua, entretanto, sobre o impacto da religião que acaba por contaminar, bloquear o dia a dia dos seus cidadãos e, em consequência, dos seus artistas e pensadores.

O sírio Ali Asmad Said Esber, mais conhecido pelo pseudônimo Adonis, falando sobre o Islã de forma geral, salienta que:

> Há uma regressão no mundo árabe. Nossas sociedades ainda são muito medievais, em certo sentido, porque as leis da religião continuam a regular os direitos das mulheres, as liberdades individuais, vemos até a cultura com olhos religiosos. Não podemos conceber a refundação de nossas sociedades se não há separação entre religião e Estado, entre religião e cultura, entre religião e política. Enquanto não concretizarmos a separação entre Estado e religião, não teremos nada. Trocamos um regime por outro, mas as sociedades não mudam.

No meu sentimento pessoal, o último papa a encarnar essa Igreja Católica mais próxima do cristianismo foi João XXIII. Eu era muito pequeno durante o seu papado, mas me recordo com clareza da simpatia que minha mãe, que era profundamente religiosa e anticlerical em iguais proporções, tinha por ele. Depois fui ler e constatei que ela tinha razão. João XXIII era apaixonado pela missão pastoral da Igreja e, sendo filho de lavradores, conhecia a vida da população mais simples de forma distinta de seus antecessores. O Concílio Vaticano II, que ele presidiu em 1962, tinha por objetivo não apenas combater erros, "mas pôr a Igreja em dia (*aggiornamento*)". Dizia na ocasião que pretendia "varrer a poeira do Trono de Pedro". Parte das decisões desse Concílio foi implantada, parte foi esquecida.

Começa a existir certo consenso entre os especialistas de que o Concílio Vaticano II foi o acontecimento religioso mais importante do século XX. Com isso a figura histórica de Angelo Giuseppe Roncalli, João XXIII, *il Papa buono*, passa a ser reconhecida em sua dimensão efetiva, demonstrando-se assim que a importância de sua obra deriva mais do grau de inovação do que de sua extensão, pois o seu papado em número de anos foi pequeno.

Seus sucessores, Paulo VI (que acabou terminando o Concílio com o falecimento de João XXIII), João Paulo II e Bento XVI, não seguiram nessa direção tão claramente. João Paulo II foi o mais independente da "linha romana" por ser polonês, tendo sido o primeiro papa não italiano em 445 anos. Teve o terceiro mais longo pontificado de 26 anos, o que lhe permitiu deixar sua marca e obra em sentido diverso de João XXIII. Sua personalidade, carismática foi fundamental para a liberdade política de seu país, defendendo o sindicato Solidariedade, comandado pelo sindicalista Lech Walesa, que acabou por se tornar o primeiro presidente polonês após a derrocada do comunismo.

Contraditoriamente em relação à América Latina, foi extremamente conservador, afastando certas linhas da Teologia da Libertação por suas afinidades com o marxismo, e permitindo, por exemplo, a substituição de D. Hélder Câmara pelo bispo José Cardoso Sobrinho apenas para enquadrar essa linha progressista no Brasil. Esse afastamento foi muito mal recebido pela comunidade local. Ou seja, na Europa, agiu de uma forma e formulou um diagnóstico; aqui, na América Latina, agiu de outra forma e formulou diagnóstico distinto para um problema semelhante. É claro que sua grande divergência era com o comunismo. Nesse sentido, ele estava sendo coerente consigo mesmo. Na Polônia, apoiou o Partido dos Trabalhadores, o que foi fundamental para que um deles se tornasse o presidente da República. No Brasil, acabou por não permitir correntes importantes da Igreja Católica local, por temor ao comunismo, e com isso afastou-se do Partido dos Trabalhadores que se formava e que viria a ser a grande força política hegemônica do país alguns anos depois.

No passado, os bispos chegaram a ser escolhidos por votação da própria comunidade. Depois, a Santa Sé evocou o poder único de escolher os bispos em todos os continentes. O conjunto de decisões dessa linha centralista da Igreja Católica deve explicar em parte sua perda de espaço no Brasil e em outros países.

O curioso é que o cristianismo surge como uma proposta nova, revolucionária, que se infiltrou e se firmou em pleno Império Romano, o mais poderoso do Ocidente, seja por sua extensão territorial, seja pelo poderio militar e econômico, seja pela imposição mundial de sua legislação aos povos vencidos. Assim, apenas um conjunto de ideias realmente novas poderia penetrar um império tão sólido durante tantos séculos e defender o monoteísmo dentro de uma sociedade politeísta, trazer uma visão humana e solidária para uma sociedade eminentemente material e dividida em rígidas diferenças sociais. Por que esse mesmo conjunto de crenças e convicções perdeu espaço, terreno e demografia no Brasil e em diversos países é tarefa que deveria ser estudada e entendida com mais profundidade.

O conjunto das religiões tem mais pontos em comum do que divergências. Todas elas, se analisadas como um corpo de ideias, conceitos e práticas, são profundas e ajudam o homem a compreender melhor o universo e a equilibrar sua existência. Entretanto, com frequência esse mesmo conjunto de religiões se afasta de sua Paideia original, para criar instituições nas quais as mensagens espirituais são esquecidas e abandonadas em prol de um projeto de poder. Nesse momento, deixam de ser interessantes do meu ponto de vista.

A renúncia do papa Bento XVI abre uma nova oportunidade para a Igreja Católica se renovar. Em suas manifestações posteriores, ele disse que "fiz isso em plena liberdade para o bem da Igreja". Falou que pensou de forma particular "nas divisões do corpo eclesial que desfiguram a Igreja", bem como na "hipocrisia religiosa". Cada uma dessas palavras deve ser analisada com enorme atenção. O papa, após a renúncia, tem se expressado de forma livre e insistido que a Igreja necessita de uma "verdadeira renovação".

Ao antecipar o término do seu papado, ele obrigará a convivência de um novo papa com um ex-papa, esvaziando a mística de monarquia individual do Vaticano. Minha geração jamais assistiu a um gesto dessa grandeza. Mesmo considerado um teólogo brilhante, Bento XVI foi tido como um papa sem força e carisma especial. Entretanto, com a renúncia, cria um fato político novo que irá influenciar os destinos do mundo católico.

Este capítulo terminava neste ponto quando foi enviado à editora. Como a previsão que continha no final de certa forma se realizou, atrevo-me a acrescentar algumas palavras. Com efeito, o momento e o movimento mais marcantes do papado de Bento XVI foi paradoxalmente a sua renúncia. A escolha do papa Francisco representou uma reação da própria Igreja ao longo domínio da Cúria Romana.

A escolha de um papa argentino sinaliza a importância da América Latina — maior continente católico do mundo — num momento em que a Europa é cada vez menos católica. Mostra igualmente que a redução do número de fiéis, aspecto que salientamos neste ensaio, também passou a ser sentida de forma mais precisa e urgente.

Os primeiros movimentos do papa Francisco são animadores. Ele se mostrou desde o início interessado em reaproximar a Igreja de sua missão pastoral e dos pobres. Livrou-se dos paramentos e do regalismo medieval de Bento XVI e dos sapatos vermelhos de seus antecessores. Abriu uma sindicância para apurar os desvios e escândalos do Banco do Vaticano. Suas manifestações públicas são diretas e feitas com emoção. Sua presença é carismática. Ele gosta do contato com o povo. A Igreja Católica talvez tenha encontrado um pontífice com coragem e disposição para "varrer a poeira do Trono de Pedro".

A nova peste

A internet criou um universo fraturado, imediato, instantâneo. Como observa Jean Baudrillard: "Existe uma espécie de metabolismo diabólico do sistema que, ao fractalizar tudo, procedeu à integração de toda dimensão crítica, irônica, contraditória. Tudo está *online*; ora nada pode ser contraposto a um acontecimento *online*."

Hoje está tudo dominado. Todo o sistema bancário depende integralmente da informática. O Poder Judiciário funciona crescentemente através da rede. A Secretaria da Receita Federal trabalha apenas pela internet e não existem mais declarações de tributos federais que não sejam informatizadas. O sistema de reservas de passagens e de hotelaria é feito pela internet. Todas as operações das bolsas de valores são feitas em tempo real, eletronicamente. O percentual do comércio interno e internacional feito pela rede aumenta continuamente.

Não é só isso. Nenhum ramo do conhecimento ficou indiferente a essa revolução. O que se avançou na área médica é incomensurável, tanto na parte preventiva como na própria pesquisa e no avanço na execução de cirurgias. Na arquitetura, urbanismo e paisagismo o uso do computador é uma constante. No direito, na economia, enfim, em todos os campos a informação é mais rápida, universal e gratuita.

É ingênuo não analisar essa transformação em seu sentido duplo, dialético. Impossível não reconhecer a nossa total dependência dessa mesma tecnologia, traduzida no quotidiano pela frase: "Desculpe, o sistema caiu." O tênue limite existente entre o fascínio por esse instrumento dinâmico e a invasão da privacidade. A enorme taxa de solidão acompanhada percebida nos jovens — uns ao lado dos outros, sem se falarem, acessando seus computadores pessoais. O abandono da leitura mais intensa, substituída pela comodidade imediata do conhecimento gerado pelos buscadores. A simplificação linguística que a rede inconscientemente induz.

Elio Gaspari, em artigo publicado em julho de 2010, alertou para o risco da perda de memória processual do país por força de um Anteprojeto de reforma do Código de Processo Civil, que prevê a incineração, depois de cinco anos, de todos os processos mandados ao arquivo. Ele alerta:

Se a história do Brasil for tratada com o mesmo critério que a Polícia Federal dispensa à maconha, irão para o fogo dezenas de milhões de processos que retratam a vida dos brasileiros, sobretudo daqueles que vivem no andar de baixo, a gente miúda do quotidiano de uma sociedade. Graças à preservação dos processos cíveis dos negros do século XIX, conseguiu-se reduzir o estrago do momento-Nero de Rui Barbosa, que determinou a queima dos registros de escravos guardados na Tesouraria da Fazenda.

Não se diga que não há espaço. Este é um dos avanços que a informática produziu: a capacidade de guardar enorme quantidade de informações em suportes físicos diminutos. É claro que diversas universidades teriam o maior interesse em preservar esse acervo. Quem parece não ter são os governantes.

Em um celebre episódio entre Freud e Jung, quando ambos chegavam a Nova York, o primeiro teria perguntado ao segundo: "Será que eles sabem que nós estamos trazendo a peste?" Essa peste chamava-se psicanálise e viria a revolucionar todo o pensamento convencional.

Sirvo-me dessa passagem para imaginar que Bill Gates e Steve Jobs poderiam ter dito e pensado algo semelhante na década de 1980, quando começaram a construir o embrião do que seria a Microsoft e a Apple. Em 1989, o físico Tim Berners-Lee, com enorme espírito humanitário, criaria a web, sem receber qualquer contrapartida financeira. O Vale do Silício estava começando a transformar o mundo tal como ele era antes conhecido.

Essa nova epidemia foi responsável por parte do que de mais importante ocorreu nas últimas duas décadas.

O setor musical foi devastado em sua formação anterior. Os jornais sentem diariamente os efeitos dela. O mercado de livros não sabe como irá se redesenhar. O ganho inequívoco de eficiência se fez com o desemprego maciço de mão de obra em inúmeros setores. Todos somos médicos e pacientes dessa epidemia do século XXI. Precisamos é saber usá-la como remédio e evitá-la como veneno.

Dentro das reflexões sobre os impactos da informática no dia a dia das pessoas e, em consequência, na forma como vivemos e vemos o universo, não irei me furtar de introduzir um assunto que ainda que aparentemente ultrapassado pelos fatos continua me inquietando. Falo da adoção da apuração eletrônica no processo político eleitoral brasileiro.

Num país onde se desvia merenda escolar, que se rouba o leite infantil, que se desnaturam emendas parlamentares, que a prática política assegura o direito ao silêncio premiado, mas impede a delação premiada, no qual se derreteu a taça Jules Rimet (símbolo maior do futebol, nosso esporte nacional), que existem fraudes nas provas de ingresso na Ordem dos Advogados, causa-me estranheza que tenhamos adotado o modelo eletrônico, sem muito debate ou cuidado. Nossas fraudes bancárias só são apuradas *a posteriori*: já foram praticados inúmeros crimes de apropriação indébita eletrônica, sem muita divulgação; soa-me ingênuo não debater essa questão.

Serão as economias mais desenvolvidas dos Estados Unidos, da Alemanha, da França e do Japão países atrasados por continuarem a se utilizar de processos históricos de apuração? Os Estados Unidos são o país com maior domínio e criatividade na área da informática e uma nação da qual não se duvida de seus propósitos democráticos. Eles continuam a obedecer à sistemática do voto distrital concebido na sua formação política e a utilizar um sistema quase artesanal na apuração do voto, como ocorrem com o *cáucus*. Por que esses países continuam a ter controles manuais ao lado do processo eletrônico?

Essas perguntas não se afastam da minha mente. A longa tradição de coronelismo, enxada e voto do Brasil teria sido interrompida apenas pela informatização do processo eleitoral? Há algum *backup* disponível para a consulta pública de zonas eleitorais? A história recente de nossas eleições após a democratização demonstra que muitas vezes existiram desvios que a imprensa ajudou a coibir. Como a imprensa pode desempenhar esse papel num processo técnico que transforma a apuração numa caixa preta?

Na estrutura atual de apuração, todos os votos nas diversas Zonas Eleitorais são transferidos para o Tribunal Regional Eleitoral. Não há possibilidade de se pedir recontagem de nenhuma Zona Eleitoral. Até agora não houve um único pedido. A rigor, é como se de uma forma mágica, instantânea, inquestionável, estivéssemos validando, transformando em verdade definitiva e absoluta toda a eleição.

Não é difícil imaginar a tentação em uma hipotéti-ca Zona Eleitoral de uma também hipotética eleição, num domingo chuvoso, faltando meia hora para o fechamento das urnas, havendo um contingente de 300 eleitores que deixaram de comparecer. Não é também difícil imaginar um mesário com a lista dos ausentes, soletrando o número dos títulos de eleitor, e ao fundo o som da urna eletrônica perguntando: confere? Confere. Tudo rápido, simples, sem impressão digital.

Para que essa preocupação não se limitasse a uma paranoia difusa, fui pesquisar sobre o assunto para ver se minhas preocupações tinham algum fundamento técnico. Encontrei farta bibliografia sobre o tema.

O Dr. Antônio Pedro Dourado Rezende, do Departamento de Ciência da Computação da Universidade de Brasília, em trabalho sobre o voto eletrônico intitulado "A falta de transparência no Sistema Eleitoral Brasileiro", apresentado na Câmara dos Deputados, colocou o problema da seguinte forma:

> A questão é muito simples. Um sistema eleitoral é um tripé: votação, apuração e fiscalização. Sobre esse tripé se equilibra a democracia. Se a tecnologia entra no sistema eleitoral para facilitar a votação e acelerar a apuração, por que não estender seus benefícios para a outra perna do sistema de votação, que é a fiscalização? Caso contrário, com uma perna mais curta no tripé que lhe sustenta, a democracia cairá.

E mais adiante torna claro onde está o problema:

Para iniciar, remeto-me antes à pergunta que abre este seminário: a urna é confiável? É claro que a urna eletrônica é confiável, mas não no sentido que lhe dá o contexto costumeiro dessa pergunta. É confiável no sentido em que uma máquina pode ser confiável, na acepção de ser previsível. No caso da urna, se entra *software* honesto, sai eleição limpa. Se entra *software* desonesto, sai eleição fraudada.

A questão crucial é saber se o que entra na urna e na rede de totalização é o que foi antes examinado. Mais precisamente, a questão crucial é a de como saber se os programas que entram na urna e nas máquinas de totalização são ou não os mesmos examinados durante a cerimônia de apresentação do TSE, noventa dias antes.

Não se trata, portanto, de desmoralizar a tecnologia numa atitude de tecnofobia. Não é isso. Não se defende um retorno ao um sistema primitivo, não informatizado. Temos um tripé: votação, apuração e fiscalização. Sabemos que a informatização facilitou a votação e acelerou a apuração. Não temos, entretanto, mecanismos que comprovem os avanços na área de fiscalização, e se fizermos um exercício de memória, veremos que não se debateu o assunto. Até o presente momento, a população não tem restrições às mudanças, nem se constatou nenhum desvio grave. Entretanto, os institutos de pesquisa fizeram prognósticos que muitas vezes depois não se confirmaram nas urnas. Nosso passado político, nossa prática de coronelismo, enxada e voto, mesmo com todos os avanços inegáveis ocorridos no país, não nos sugeririam um maior cuidado? Baudrillard nos ensinou que "contra o mal, só temos o fraco recurso dos direitos humanos". Fica a pergunta.

Outra questão inquietante é a adaptação dos jornais à revolução da informática. A internet irá substituir os jornais impressos? Se há uma redução do número de leitores do jornal físico, como os órgãos de comunicação deverão reagir a essa perda de receita das assinaturas e das bancas? Os grandes jornais deverão seguir todos o *The New York Times* e cobrar pelo conteúdo *online*?

É claro que não tenho respostas para essas perguntas que acabo de formular a mim mesmo. Entretanto, como leitor voraz de jornais e colaborador bissexto deles, fico extremamente intrigado com o desenrolar dessa questão. Alguns pontos parecem evidentes. O leitor pode tomar contato primeiro com a notícia *online*, mas ela só se legitima para ele se estiver respaldada por um jornal. O rádio fez os jornais tirarem edições vespertinas. A televisão obrigou que os jornais tivessem melhor apelo visual na primeira página. Ninguém questiona a velocidade e a profusão de informação que a internet propiciou, mas creio que não foi inventado nada que substitua o prazer tátil do jornal e a sua portabilidade que ainda é superior a dos novos tablets.

Além disso, quanto maior o volume de informações disponível para a população, mais necessária se torna a profundidade da análise dessas mesmas informações, o que só o grande jornal pode proporcionar. Os jornais no mundo que resistiram a esse tsunami da informática foram os que tinham densidade de conteúdo. Temos acesso imediato às notícias pela rede, entretanto a reflexão profunda dos fatos só se faz pelas matérias dos grandes jornalistas. Julgo que isso ainda irá perdurar por muito tempo.

Miriam Leitão, sendo ela uma dessas grandes jornalistas, com clareza colocou a questão nos seguintes termos:

> O problema de qualquer previsão que se faça agora sobre o futuro dos jornais é que as projeções têm sido lineares. E tempos revolucionários são feitos de rupturas. O futuro não será uma projeção do presente. Será uma invenção surpreendente. Não basta transpor o jornal de papel para o tablet ou qualquer outra plataforma para continuar no negócio de fornecer conteúdo. É preciso refazer o conteúdo em cada veículo, respeitando o que cada um procura. Pode haver acúmulo de plataformas, substituição de uma pela outra, aparecimento de novas. Tudo pode acontecer. Nada está escrito.

Julgo que na verdade estamos em face de um fenômeno tão novo que essa "nova peste" ainda não nos permite discernir o peso e a ponderação do remédio e da sua contraparte, porção veneno. As grandes mutações que ainda estão por vir ocorrerão no próprio cérebro humano e serão maiores do que aquelas já visíveis nas telas dos nossos computadores. O alcance da revolução será além de uma nova mídia especificamente porque a rede mundial que está formada ultrapassa a mediação por mais ampla que essa seja. Algo está no ar, ultrapassando a própria capacidade de compreensão do processo em curso.

Está tudo dominado. Fora todos os impactos que já abordamos, a internet acabou por intervir na forma de fazer política. A eleição de Barack Obama só se tornou possível pela estruturação de sua campanha nas redes sociais, o que assegurou a ele votos e recursos financeiros, primeiro, para vencer a senadora Hillary Clinton na indicação do Partido Democrata, e depois, a própria eleição presidencial.

Movimentos sociais de massa como a "Primavera Árabe" inundando a praça Tahir e todos os que têm ocorrido na Espanha, em Portugal, na Suécia, Grã-Bretanha e recentemente no Brasil, só foram possíveis pela velocidade e surpresa proporcionadas através das redes sociais.

Os novos movimentos não apresentam líderes evidentes. Eles nascem sem patrocínio político imediato, sendo de certa forma uma reação à estrutura política partidária clássica. Pela primeira vez as redes sociais são as maiores responsáveis pela arregimentação e mobilização das massas. O movimento começa na internet e transborda para o espaço urbano.

Esse fenômeno não será passageiro. As estruturas anteriores dos partidos políticos terão que ser repensadas. Toda a democracia direta construída em plenários de sindicatos e de partidos, conselhos deliberativos, associação de moradores está perdendo força e expressão. Passamos de um estágio de uma sociedade civil organizada para outro, de uma sociedade civil mobilizada. Como as redes sociais são horizontais, elas retiram parte da hierarquia que presidiu o processo político nos últimos anos. Essa mudança veio para ficar.

As novas tecnologias de comunicação estão afetando e transformando o processo cognitivo do cérebro humano. O conhecimento se estruturou ao longo dos séculos pela linearidade e vem sendo substituído pela reticularidade, que é a disposição em rede das matérias e dos processos cognitivos. Os jornais na internet são lidos em colunas, e não mais de forma linear, como ocorria na sua plataforma de papel. O leitor não se fixa mais na ordem cronológica das colunas e da própria organização que o veículo de comunicação estrutura para o grande público. Ele salta, alterna, modifica o seu processo de leitura da mesma forma que o controle remoto permitiu o zapeamento dos canais de televisão. Nada obedece a ordem antes estabelecida. Na medida em que o próprio cérebro humano vem sendo alterado e modificado, habilidades e horizontes vêm sendo demarcados de forma inteiramente distinta. Um novo mapeamento mental está sendo formado, no qual algumas fronteiras estão sendo descobertas e antigas fronteiras serão esquecidas. Estamos formando — mesmo sem o saber — uma nova cartografia.

A Igreja de Nossa Senhora da Saúde

Somos ainda um país em desenvolvimento, mas que deixou de ser o país do futuro para já assegurar no presente condições de vida extremamente melhores à nossa população. Temos uma economia pujante e singular, com um mercado interno potencial de 192 milhões de brasileiros.

Crescemos o nosso Produto Interno Bruto. Somos os maiores produtores e exportadores de diversos produtos. Distribuímos a renda. Reduzimos o coeficiente de gini, que mede a desigualdade na distribuição dessa renda. Ampliamos em muito a expectativa de vida média do povo brasileiro. Se não acabamos com a pobreza, a reduzimos sensivelmente. Não se morre mais de fome no país, ainda que milhões de brasileiros continuem a viver em padrões de miséria.

A influência da colonização portuguesa, exaustivamente estudada e compreendida por inúmeros historiadores, notadamente após a obra de Gilberto Freyre, certamente foi fundamental para a construção de uma nação mais homogênea e elástica, quando comparada com as nações vizinhas de colonização espanhola. Temos um povo que fala o mesmo idioma do Oiapoque ao Chuí. Mesmo com enormes mudanças nas escolhas e preferências religiosas de nossa população, não temos sentimentos religiosos fratricidas, nem perseguições dessa natureza.

Dos quatro países emergentes que apresentam grande crescimento econômico, somos o mais avançado politicamente, com alternância de poder assegurada por eleições democráticas, o que não ocorre na China e na Rússia. A imprensa trabalha no Brasil num regime de liberdade plena, que é fundamental e essencial para a democracia.

Muito precisa ser feito, é claro. Precisamos investir em infraestrutura. Precisamos reduzir a carga tributária para que o setor privado possa ser mais competitivo e dinâmico e que o Estado reduza seu tamanho e, consequentemente, seus gastos. Precisamos ter uma justiça mais rápida, precondição para que ela seja mais justa. Temos um déficit previdenciário estrutural pelas enormes disparidades existentes no sistema de aposentadorias do setor privado e do setor público. Nosso sistema jurídico produz enorme insegurança na vida empresarial e nossa legislação trabalhista ainda é a mesma do tempo de Getúlio Vargas. Necessitamos acabar com o feudo de privilégios da classe política, que vive num regime jurídico próprio, no qual as mesmas leis que vigoram para o restante da sociedade não vigoram para ela. Temos que tornar a educação e a saúde prioridades permanentes e realizar a revolução educacional que todos os países que a priorizaram com esforço contínuo e determinado de uma geração experimentaram, enormes saltos qualitativos.

De qualquer forma, qualquer pessoa de bom senso não deixará de reconhecer que avançamos muito e que temos todas as condições de continuar crescendo. Acredito sinceramente no Brasil e na sua capacidade de superar desafios e construir uma sociedade cada vez mais rica, justa e solidária. Reconheço o claro avanço do país da minha infância no final dos anos 1950 para o Brasil atual. Produzimos uma socialdemocracia cabocla com charme, alegria, sensualidade e pacifismo, virtudes que andam escassas na atualidade.

Do ponto de vista externo, julgo que o mundo precisa e tem como corrigir o momento delicado pelo qual atravessamos. A Europa vê a zona do euro entrar em colapso. O euro foi certamente a construção intelectual mais original e audaciosa em matéria econômica dos últimos anos. Entretanto, tentou-se unir, através da moeda, países com história, formação e projetos inteiramente diversos. Implantou-se o euro sem antes se realizar uma efetiva integração aduaneira e fiscal e sem o controle financeiro-bancário do processo. Com a rigidez da moeda única, os países periféricos não conseguem desvalorizar suas moedas (como faziam antes) para sair da crise.

Se a Itália, a Espanha e Portugal não fizessem parte da zona do euro, poderiam permitir a desvalorização de suas moedas; com os câmbios desvalorizados, ampliariam as exportações e reduziriam as importações, eliminando seus déficits em conta-corrente. Mas como fazem parte da zona do euro, não podem desvalorizar o câmbio e isso se transforma numa camisa de força a estrangular e reduzir as alternativas de política econômica e fiscal.

Alguns países talvez tenham que acabar saindo da zona do euro para sobreviver. O saneamento do sistema bancário europeu foi muito mais tímido do que aquele realizado nos Estados Unidos. Nos tempos de crise, as antigas feridas históricas — que na verdade nunca cicatrizam — acabam por aflorar novamente no tecido social. A Europa está passando por uma crise profunda que deverá perdurar por bastante tempo.

Do outro lado do Atlântico, os Estados Unidos se debatem com um desequilíbrio estrutural igualmente grave. A taxa de desemprego permanece em patamares superiores a 8%, o que só ocorreu na Depressão de 1930. O país introduziu cortes mais profundos que o bloco europeu, apresenta alguns sinais de retomada, mas tem enormes desafios pela frente. A circunstância de ser o país emissor da moeda-reserva mundial e de ter um Federal Reserve (FED) mais poderoso e livre do que o Banco Central Europeu (BCE) tem permitido que o excesso de emissão de moeda não se converta imediatamente em inflação. Por outro lado, apenas o afrouxamento fiscal e a redução dos juros não têm produzido o crescimento imaginado, porque o excesso de liquidez não se tem traduzido em novos empréstimos à cadeia produtiva, pois diversas empresas preferem manter essa liquidez em caixa — já que seu custo é muito baixo, próximo de zero — a se arriscar numa economia ainda combalida. Apesar de todas essas dificuldades, tudo indica que os Estados Unidos sairão dessa crise mais rápido que a Europa.

O sistema financeiro parece líquido e se desmancha no ar. A lógica normal da economia de mercado cedeu lugar à irracionalidade do pânico. O noticiário econômico prepondera sobre todos os outros. A falta de confiança retirou a liquidez financeira do mercado. Sem crédito e sem financiamento, as grandes instituições devoram as pequenas e médias num processo predatório. Nesse momento, o estudo de Schumpeter, publicado em 1942, *Pode o capitalismo sobreviver?*, mais do que atual, parece apavorantemente profético. O genial economista inicia afirmando que não acreditava na sobrevivência do capitalismo, mas que o importante era a ciência, e não a profecia. Ao longo do texto, na verdade, ao descrever o "processo de destruição criativa" do sistema, ao desmontar a tese da perfeita competição dos economistas clássicos, ao antever a inexorável formação dos monopólios, ao salientar a importância do salto tecnológico no processo competitivo, Schumpeter talvez nos conforte mais do que apavore.

Sempre que a história da humanidade viveu um impasse, como o que vivemos atualmente, a tendência é supervalorizar o presente em detrimento do passado.

Várias vezes o gênero humano acreditou que seus dias sobre essa terra desolada estavam terminados, mas a vida prosseguiu a despeito dessas convicções. Por essa razão, devemos recorrer à sabedoria dos pensadores, como Schumpeter, como ao próprio processo civilizatório.

Nessa perspectiva, ocorre-me a lembrança da Igreja de Nossa Senhora da Saúde, em Veneza. Para quem observa a cidade da praça, ela fica do outro lado do Grande Canal. Não é certamente a mais bonita daquela cidade mágica. Não se compara à Basílica de São Marcos, com sua mistura grega, medieval e bizantina, apelidada de "o mais belo salão da Europa" por Napoleão. Não possui a elegância de Santa Maria Maggiore.

Por que então escrever sobre essa igreja branca, de abóbada circular, num momento como este? Pelo que ela representa como símbolo e metáfora. Concebida por Baldassare Longhena, foi construída após o fim da peste de 1630. Durante a epidemia, dois terços da população veneziana faleceram. As pessoas morriam sem que se soubesse a razão e sem que se soubesse como promover a cura. A peste que se espalhou na Europa na época encontrou em Veneza seu hábitat ideal, numa cidade totalmente construída sobre as águas, o que permitiu a propagação da doença de forma ainda mais veloz, à semelhança do que ocorre agora em nossa crise globalizada e em cadeia. As pessoas iam morrendo, morrendo, e a sensação do fim do mundo é encontrada em todos os textos do período.

De repente, sem que igualmente ninguém soubesse o motivo — até porque nesse período a medicina ocidental era mais rudimentar que a oriental —, a peste acabou. Acabou como muitas vezes as mulheres deixam de amar um homem. De repente. Acabou como um banco moderno quebra nos dias de hoje, soterrado em montanhas de papel amontoados em seus prédios luxuosos do século passado. De repente. Nesse momento, a população sobrevivente resolveu construir a igreja.

A Igreja de Nossa Senhora da Saúde pode ser percebida como uma metáfora para a crise atual. A certeza de que o sentido maior da existência é sempre a vida e não a morte. A convicção de que o homem enfermo descobre sua cura. A percepção de que parte da trajetória humana é sempre construída na arquitetura da dor e por isso mesmo os homens devem celebrar a saúde e a prosperidade.

Como símbolo, essa crise talvez seja necessária para que o capitalismo se humanize. Talvez seja oportuno que a economia de mercado descubra a parcela cristã contida no marxismo, o que nem sempre é reconhecido. É só ler com atenção o *Manifesto comunista*, de 1848; está lá. O texto, que precisava funcionar como uma peça de grande comunicação, se inspira no Novo Testamento. O próprio Marx admitia isso.

O reconhecimento de que esse mínimo ético, esse substrato humano básico, demasiadamente humano é o que pode reconstruir a lógica do sistema de mercado destruído pela barbárie da sua insaciável ambição. Fazer com que a economia volte a centrar-se na produção de coisas reais para os homens. Perceber que não se podem ter disparidades salariais tão grandes, com executivos recebendo fortunas mesmo quando seus bancos quebram e seus funcionários perdem o emprego. Compreender que a função maior do sistema financeiro é auxiliar o processo de desenvolvimento econômico, e não ser um fim em si mesmo. Encontrar o equilíbrio sugerido por Keynes quando sintetizou de forma lapidar que "o problema político da humanidade é como combinar três coisas: eficiência econômica, justiça social e liberdade individual". Essa pode ser a lição simbólica e metafórica da Igreja de Nossa Senhora da Saúde.

Cisne negro

O homem ocidental traçou sua trajetória nessa terra devastada construindo certezas. Com o tempo, elas mudaram de parâmetro. Durante séculos, acreditou-se piamente que a Terra era o centro do universo. A revolução científica do século XVII, possível pelo trabalho de Copérnico, Kepler e Galileu, permitiu que se chegasse à conclusão de que a Terra girava em torno do Sol, e não ao contrário. Giordano Bruno foi condenado pela Inquisição e morreu crepitando vivo numa fogueira por defender essa mesma ideia. Isso se chamava civilização... Substituiu-se uma certeza por outra e os homens tiveram que reconstruir suas crenças a partir dessa descoberta.

O ser humano investiu na sua capacidade de dominar a natureza. Habitou cavernas, aprendeu a caçar, descobriu o fogo e com ele pôde se alimentar com mais facilidade, não precisando fazer o esforço que fizera durante anos, quando se alimentara apenas de alimentos crus.

Descobriu que podia singrar os mares, aprendeu o fluxo das marés e a lógica dos ventos. Incorporou a bússola. Com a criação das sociedades limitadas, surgiram condições para que mais pessoas investissem nas grandes navegações. O homem ocidental precisou lançar-se para além do Velho Mundo. Fomos descobertos nesse processo, assim como os Estados Unidos da América. Essa história é fascinante. Não há como reduzi-la a um simples episódio da expansão colonial e não vislumbrar nela a dimensão grandiosa da aventura humana. O homem foi tecendo novas certezas e abandonando as antigas, que não tinham mais sustentação ou interesse. Trocou um dogma por outro, mas esqueceu-se da importância da dúvida.

Os habitantes do Velho Mundo, durante séculos, estavam convencidos de que todos os cisnes eram brancos, crença construída pela evidência empírica. Bastou o surgimento de um cisne negro na descoberta da Austrália para que esse enunciado científico, essa certeza, tivesse que ser revisto. Um simples e único contraexemplo invalida uma teoria e uma lei científica estabelecida há séculos.

Como espectadores engajados, acompanhamos os acontecimentos recentes, mas precisamos ter uma visão mais elástica dos fenômenos. As catástrofes ambientais se sucedem, mas continuamos a negligenciar a questão ambiental. Não damos importância ao imponderável. Insistimos na fantasia de que controlamos a natureza e só reconhecemos essa impossibilidade quando ela — a natureza — se revolta. Eventos terríveis podem ocorrer em sequência; raios caem duas vezes na mesma árvore. Sempre pode surgir um cisne negro.

Passemos das catástrofes ambientais para as políticas. Nós, ocidentais, não compreendemos o Oriente. Inventamos uma visão hegemônica. Edward Said, o grande intelectual palestino, sustentava que "o orientalismo é mais válido como um sinal do poder europeu-atlântico sobre o Oriente que como um discurso verídico sobre o Oriente".

É estranho que o Ocidente só se assustasse recentemente com a ditadura de mais de trinta anos de Mubarak. É como se o Egito vivesse na serenidade imemorial de suas pirâmides e da Esfinge. De repente, quando mais de 1 milhão de pessoas sai às ruas do país, o Ocidente se assusta. Descobre um cisne negro. Os mercados financeiros derretem. Os países ocidentais passam a trabalhar para desestabilizar uma ditadura que eles mesmos sustentaram. Chamam a isso "Primavera Árabe", como antes chamavam esses regimes de legítimos...

O mesmo ocorreu com Saddam Hussein no Iraque, ditador de 1979 a 2003. Como pano de fundo, o petróleo — ouro negro — semeando sempre o sangue vermelho em sua trajetória. O Oriente Médio é o território de substituição no qual as grandes potências realizaram diversas guerras para manter o controle sobre o petróleo, estimulando, inclusive, a divisão e o antagonismo entre os países que o compõem. Lembrem-se de Lawrence da Arábia. Tratamos os diferentes países do Oriente como se fossem iguais. Cisnes brancos. Depois, o Ocidente se assusta quando surgem os negros.

A ciência de certa forma desenvolveu-se sempre pelo primado de duas forças: o acaso e a necessidade. Esse é inclusive o título da obra definidora de Jacques Monod, de 1970, biólogo francês ganhador do Prêmio Nobel por sua contribuição à biologia moderna.

A necessidade obrigou a sociedade a se superar e a criar novas descobertas. Sem território para sua expansão econômica, Portugal, no século XV, para promover sua expansão ultramarina, que resultou na descoberta do Brasil, introduziu uma revolução na técnica náutica modificando velame, gáveas, boca e calado, e criando um novo tipo de navio — a caravela redonda —, que suportava melhor o mar alto do que as embarcações anteriores.

As guerras — todas — geraram saltos tecnológicos para resolver questões imediatas e dramáticas que o dia a dia do conflito exigia. Enumerá-los é quase um quadro cronológico da própria história da humanidade. Cada um dos grandes chefes militares foi responsável por soluções e saltos tecnológicos que o tempo de paz, sem necessidade e urgência, não produziria.

A política tal como a compreendemos modernamente é relativamente recente. Na maior parte da história da humanidade, a política foi uma extensão do poder militar. Os grandes chefes militares Alexandre, César, Genghis-Khan, Napoleão foram também grandes chefes políticos.

Caio Júlio César criou um sistema de comunicação por tochas absolutamente inovador, que permitia que a informação ocorresse em tempo real. A necessidade era manter os bárbaros além da barreira alpina, sem ameaçar Roma. César inovou criando novas táticas, como a formação em linha tríplice, um novo tipo de dardo e modificações na infantaria. Implantou a "guerrilha total" atacando a família dos bárbaros, obrigando-os a defender seus entes queridos. Com essa tática violenta, por que não dizer igualmente bárbara, conseguiu que eles se mantivessem e respeitassem os picos dos Alpes.

Napoleão Bonaparte, além das vitórias militares que teve, foi responsável pela divisão da França em regiões administrativas, pelo ensino escolar básico obrigatório, pela adoção de um sistema métrico decimal e a criação de um Código Civil que seria um novo marco no direito civil mundial. Com enorme antevisão, ele mesmo intuiu no exílio, em Santa Helena, que: "Minha grande glória não é ter ganho quarenta batalhas; Waterloo apagará a memória de tantas vitórias. O que nada apagará e viverá eternamente é o meu Código Civil." O Código Napoleônico foi o paradigma da sociedade burguesa emergente da estrutura medieval, tendo inspirado toda a codificação civil ocidental construída posteriormente.

A lista dos avanços e conquistas feitos pela ciência em função das necessidades é infindável. Desejo, entretanto, dirigir-me agora ao também infinito campo dos acasos. Quando me refiro a eles é evidente que o faço no sentido de acasos científicos, ou seja, aqueles em que na verdade os cientistas estavam intelectualmente em busca de algo próximo e que aquele acontecimento não previsto fez desencadear a lógica de suas consequências. Não passa pela minha mente a noção de uma causalidade distante da observação e do espírito preparado, para adotar a definição do grande cientista Louis Pasteur.

As descobertas decorrentes do acaso são inúmeras e competem com aquelas decorrentes da necessidade. Há o exemplo clássico que já pertence até ao imaginário da queda da maçã sobre a cabeça de Newton e a formulação de sua teoria sobre a lei da gravidade. Segundo os relatos mais confiáveis, na verdade o cientista se encontrava embaixo de uma macieira quando a fruta caiu no chão. Naquela ocasião, ocupava-se em tornar mais empíricas as formulações de Kepler. Estava pensando também nas teses de Galileu sobre a queda dos corpos que na superfície da Terra caíam com a mesma aceleração, como ele havia descoberto. Esses gênios científicos do Renascimento ainda censurados pela Igreja povoavam seus pensamentos.

Veio à sua mente o pensamento de que devia haver alguma razão forte para a maçã cair no chão e não se dirigir para cima. Concluiu que existia uma força exercida pela Terra que atrai, puxando todos os corpos para baixo em sua direção. Deu a essa força o nome de gravidade e criou a lei da gravitação universal, que iria revolucionar o mundo científico. Descobriu as leis da mecânica celeste e tornou possível a nossa compreensão para o comportamento dos astros em nosso sistema solar. Quantas pessoas repousaram debaixo de árvores e tiveram suas cabeças atingidas por frutas sem que nada de novo tivesse saído de suas mentes? Nelas não havia o espírito preparado, nem a constante observação que caracteriza o grande cientista.

A descoberta da penicilina por Alexandre Fleming é um caso emblemático. Ele era bacteriologista no St. Mary Hospital, em Londres, e ambicionava encontrar substâncias que impedissem a infecção das feridas, notadamente nos hospitais de campanha do final da Primeira Guerra Mundial, quando muitos combatentes morreram em consequência da infecção de ferimentos profundos. Ele estava na busca desse caminho. Mas a partir da ocorrência de uma inesperada onda de frio no verão londrino, quando estava de férias, e por causa da conservação das culturas, decorrente da ida inesperada de seu antigo assistente , o Dr. Merlin Pryce, ao laboratório, preservando assim as lâminas, é que essa série de "coincidências" permitiu a descoberta da penicilina, base de novos medicamentos e o primeiro antibiótico a ser utilizado com sucesso.

Como derradeiro exemplo, lembramos a descoberta dos raios X, por Wilhelm Roentgen. Físico de formação, estava trabalhando em uma tentativa de fazer com que uma corrente elétrica atravessasse um tubo de gás em seu interior. O gás brilhou inesperadamente. Para continuar sua experiência sem aquele brilho incômodo, recobriu o tubo com um papel grosso. O brilho se manteve, mas dessa vez vinha de uma tela tratada com elementos pesados, situada a alguns metros de distância. Depois de algumas experiências, compreendeu que tinha descoberto raios que passavam através de elementos leves, mas não dos pesados: os raios X.

Vivemos num universo de incertezas. Seja na natureza, nos regimes políticos, na velocidade instantânea dos mercados financeiros. Desprezamos a sabedoria da insegurança. Essa deveria ser uma das lições dos acontecimentos recentes. Duvidar. Aprender a desconfiar. Formular uma tese para refutá-la. Saber que por mais que só tenhamos visto cisnes brancos ao longo da vida, isso não nos dará a certeza de que os cisnes negros não existem, como concluiu Karl Popper.

Do ponto de vista literário, isso já havia sido dito por Mallarmé nos famosos versos *"un coup de dés jamais n'abolira le hasard"*, traduzidos pelos irmãos Campos e Décio Pignatari como "um lance de dados jamais abolirá o acaso".

Assim, caro leitor, saiba que do ponto de vista científico, por mais que você só tenha visto cisnes brancos ao longo de toda a sua vida, esse fato não poderá lhe assegurar que não existam cisnes negros; e que do ponto de vista poético, igualmente, um lance de dados jamais abolirá o acaso. Essa é a nossa única certeza.

TERCEIRA PARTE

MANIFESTO ARTÍSTICO

Nós, artistas brasileiros, ainda temos na alma o ranço dos saraus. O atavismo hereditário do poeta tísico, que se inspirava com a cachaça do alambique das sinhazinhas e declamava. Que se alimentava do doce de coco do engenho. Que morria de tristeza porque a sinhazinha nunca se casava com ele e se acabava nos bordéis, bradando contra a maldade do mundo senhorial.

* * *

Numa sociedade de consumo, a arte acaba também por ser um objeto de consumo como qualquer outro. Tem oscilações. Altas. Baixas. Concorrências. Como não existem mais mecenas, os artistas, nos dias de hoje, têm que ser profissionais para não serem serviçais.

* * *

A arte é vida, e como tal não pode ser dissociada dela. É o homem em toda sua tensão, intenção e extensão. Gesto. O artista não é um iluminado nem um profeta apocalíptico. Executa um trabalho como qualquer outro. Encomenda social. O povo é o inventa-línguas; o poeta, um cirurgião de palavras.

* * *

Não é possível uma ideia cultural (por mais bem-intencionada que ela seja) como parâmetro de valor. O binômio de Newton continua tão belo quanto a Vênus de Milo. A arte é orgânica. Há tanta criatividade num quadro ou num poema quanto numa boa feijoada. De ideias. Em tudo há alquimia. Verbo. Linguagem universal. Esperanto. Não há mais valor, existem valores. Códigos. Leituras. Mas tudo deve convergir para um só fim, que é seu começo: o homem. O único elemento que sempre existiu e sempre continuará a existir em termos de criação é a associação de dois: talento e trabalho. Trabalho e talento.

* * *

Isso não nos deve levar a uma total confusão e isenção crítica sobre a qualidade do fazer artístico. Ao contrário. Uma pintora amiga minha, após vermos juntos uma exposição vanguardista, disse-me com ironia: "Depois de Van Gogh, os críticos de arte temem emitir uma opinião sincera sobre determinado artista jovem, com receio de serem julgados antiquados num futuro próximo."

* * *

A crítica literária agoniza em nosso país. Algumas revistas, alguns jornais resistem. O resto são "opiniáticos" que escrevem bem ou mal sobre determinado livro, dependendo do número de carícias que receberam no ego. Os artistas se tornam muito conhecidos pelas colunas sociais. Aliás, colunismo social brasileiro é um estilo literário que todos leem, mas têm vergonha de dizer que leem. Grande parte dos best-sellers nacionais é uma mistura malfeita dos mesmos ingredientes. Nesse ponto literatura e datilografia se confundem.

* * *

Os críticos ainda não compreenderam "a contribuição milionária de todos os erros". É costume primeiro matar os poetas, para depois cantá-los.

* * *

Se Machado de Assis tivesse escrito em francês, coitado do Anatole France. O português é atualmente a terceira língua falada do planeta. Vamos consumi-la. Exportá-la. Sem bênção de Pero Vaz de Caminha, que era antes de tudo um bom agricultor. Nossa literatura pós Pau-Brasil. Pós-Getúlio. Industrial.

* * *

Os artistas brasileiros, nos dias de hoje, têm que ser profissionais para não serem serviçais. Antes de tudo, arte no Brasil é a arte de sobreviver. João Cabral é diplomata. Pedro Nava, médico. Drummond, "porque tinha que ganhar a vida", foi ser funcionário público. Felizmente nada impediu que um retrato de Itabira na parede continuasse a doer.

* * *

Quem pensa e tem ideias originais tem que ser pago ou remunerado por isso. Direitos autorais. Mas o que acontece é o seguinte: o artista fica feliz em ver o seu nome no jornal. Satisfaz o narcisismo e acaba com o difícil embaraço do ineditismo. Quem fica mais feliz ainda é o dono do jornal.

* * *

É fascinante viver nos dias de hoje. Do atrito, nasce a faísca. Da estagnação, a arte de ruminar. Das crises, as ideias. Maiakóvski descobriu a poesia com a eletricidade. Walt Wittman com gerentes de banco, vagabundos, médicos, índios, brancos, negros, sulistas, nortistas, todos enfim. Toda arte é engajada, não importa que o artista tenha ou não consciência disso. Toda arte faz parte de um *establishment* qualquer.

* * *

Qual é o parâmetro? Forte embaraço para o orientalismo bíblico da civilização cristã e grave dificuldade para o grupo oposto que se alimenta da produção intelectual de um filósofo alemão, sepultado no cemitério de Highgate, Inglaterra. Existem basicamente filhos de Kant e filhos de Hegel. E alguns bastardos. Qual é o parâmetro? Não sabemos; se soubéssemos, não perguntávamos. A função do artista é propor. Viemos trazer perguntas. Não queremos as respostas, pois as que nos deram não serviram. Queremos perguntas. Perguntas. Perguntas.

* * *

Precisamos da liberdade da prisão lógica. A absorção dos impasses. Se por mais amor aos anéis que aos dedos perdemos ambas as mãos, e se também, por mais amor aos dedos que aos anéis, também as perdemos, o que fazer? Não sabemos. Perguntamos. Propomos.

* * *

E o que propomos não é a morte do romantismo, nem do sarau, nem dos botequins. Sim à vida dos saraus. Sim à vida dos artistas. Para que os jovens incendiários de hoje não sejam os bombeiros de amanhã. A morte do chato convicto e militante. A morte dos papagaios desinformados de esquina. Repetitivos. Todos terão um magnífico enterro verde-amarelo.

* * *

O que indicamos é que numa sociedade de consumo a arte acaba se tornando objeto de consumo, mas que deve ser pago. Propomos que os artistas não paguem com a própria vida o preço da criação. Insistimos que os artistas têm que ser profissionais para não serem serviçais. Se formos profissionais, nunca seremos serviçais. Ora, dirão, ouvir estrelas...

Rio de Janeiro, março de 1980.

Bibliografia

BARTHES, Roland. *Fragmentos de um discurso amoroso*. Rio de Janeiro: Francisco Alves, 1981.

BAUDRILLARD, Jean. *La société de consommation*. Paris: Folio Essais, 1970.

_____. *De um fragmento ao outro*. Porto Alegre: Zouk, 2003.

BERMAN, Marshall. *O Fausto de Goethe: a tragédia do desenvolvimento*. São Paulo: Companhia das Letras, 1986.

BLOOM, Harold. *O cânone ocidental*. Rio de Janeiro: Objetiva, 1995.

BORGES, Jorge Luis. *Esse ofício do verso*. São Paulo: Companhia das Letras, 2000.

_____. *Diálogos com Oswaldo Ferri*. São Paulo: Hedra, 2009.

DANTAS, San Tiago. *D. Quixote, um apólogo da alma ocidental*. Rio de Janeiro: Agir, 1948.

GULLAR, Ferreira. *Argumentação contra a morte da arte*. Rio de Janeiro: Revan, 1993.

JAEGGER, Michael. A aposta de Fausto e o processo da modernidade. In: *Revista de Estudos Avançados da USP*, São Paulo: USP, nº. 59, 2007.

JAKOBSON, Roman. *Linguística. Poética. Cinema*. São Paulo: Perspectiva, 1970.

MELO NETO, João Cabral de. In: *Vanguarda europeia e moder-
nismo brasileiro*. Petrópolis: Vozes/MEC, 1976.
_____. *Cadernos de literatura*. São Paulo: Instituto Moreira
Salles, 1996.
POUND, Ezra. *ABC da literatura*. São Paulo: Cultrix, 1973.
SAID, Edward W. *Orientalismo*. São Paulo: Companhia das
Letras, 1990.
TRIOLET, Elsa; MAIAKÓVSKI, Vladimir Vladimirovich. *Verset
proses*. Paris: Les Editeurs Français Reunis, 1957.

Este livro foi impresso no
SISTEMA DIGITAL INSTANT DUPLEX
DA DIVISÃO GRÁFICA DA DISTRIBUIDORA RECORD
Rua Argentina, 171 – Rio de Janeiro, RJ
para a
EDITORA JOSÉ OLYMPIO LTDA.
em outubro de 2013

*

81º aniversário desta Casa de livros, fundada em 29.11.1931